4대강 부역자와 저항자들

4대강 부역자와 저항자들

김병기 지음

탐사취재 12년의 기록, 끝나지 않은 싸움

오마이북

프롤로그
―― 강은 침묵하지 않는다

12년 전, 나에게는 비행기표 두 장을 손에 쥘 기회가 한꺼번에 찾아왔다. 하나는 시민정치를 꿈꾸는 사회단체 인사들이 남미의 진보정치를 함께 둘러보고 오자는 제안이었다. 다른 하나는 환경단체 '생태지평'에서 기획한 것으로, 당시 유력 대통령 후보였던 이명박 씨의 '한반도 대운하' 공약을 검증하기 위해 독일-네덜란드 운하를 취재하러 떠나자는 제안이었다. 둘 다 나에게는 첫 해외 취재의 기회였고 매력적인 제안이었다.

그러나 오마이뉴스가 부담해야 할 취재 비용이 만만치 않았기에 나는 오연호 대표에게 결정권을 넘겼다.

"남미 취재는 이미 여러 사람이 다녀왔으니 특별할 게 없을 것 같네요. 이명박 후보가 내건 한반도 대운하 공약은 우리 같은 매체가 두루두루 검증해야 하지 않을까요? 계속 논란이 될 사안이고, 유력 후보의 공약이니 현실화될 가능성이 높잖아요."

결국 나는 2007년 2월 독일행 비행기에 몸을 실었다. 운하 선진국인 독일과 네덜란드를 18일 동안 취재하면서 한반도 대운하의 '새빨간 거짓말'을 어렵지 않게 확인할 수 있었다. 하지만 국내의 분위기는 달랐다. 대부분의 언론들은 마치 '국운융성의 청사진'인 양 이명박 후보의 한반도 대운하 공약을 검증 없이 치켜세웠다. 당시 이 후보는 여론조사에서 과반수 국민의 지지를 받으며 승승장구했다. 나는 마음이 조급해졌다. 운하의 나라에서 취재한 르포기사와 기획기사를 연일 보도했다.

그 뒤에도 나는 미국과 일본으로 날아가 댐과 운하의 문제를 탐사보도했다. 2008년 2월에는 미 공병대의 배를 타고 미시시피강의 운하 시스템을 취재했다. '플로리다 관통 바지 운하'의 복원 현장을 취재해 기사를 썼고, 강을 연구하는 미국의 석학을 인터뷰하기도 했다. 2010년 12월에는 비행기로 1시간 거리인 일본 구마모토현을 찾아가서 가와베가와 댐 건설을 중단하고 아라세 댐을 철거하기로 결정한 일본의 뼈아픈 선택을 기사로 썼다.

한반도 대운하 건설 예정지였던 4대강 현장 취재도 여러 번 다녔다. 2007년 7월에는 4대강 현장을 취재해 영상 르포를 만들기도 했고, 4대강 사업이 30퍼센트 정도 진행된 2010년 9월에는 낙동강에 뗏목을 띄워 생중계를 하기도 했다. 전문가와 학자, 사회단체 인사들을 뗏목에 태워 인터뷰하고 4대강 공사로 죽어가는 강의 모습을 생생하게 보도하겠다는 취지였지만, 방송 첫날에 뗏목이 교각에 부딪히는 사고를 당했다. 당시 나는 위험하기 때문에 뗏목 생중계를 중단하자는 일부 후배들의 반대에 부딪혀 "강물에 빠져 죽으려고 애써도 구명조끼를 입으면 어쩔 수 없이 뜬다"고 우기기도 했지만, 안 될 말이었다. 다음 날부터는 뗏독에서 내려서 '발로 쓴 4대강 현장 리포트'를 쓰는 데 만족해야 했다.

오마이뉴스 편집국장을 지낼 때는 4대강에서 잠시 손을 떼고 환경 전문 시민기자인 최병성 목사에게 바통을 넘겼다. 최병성 기자는 치밀한 현장 취재와 생생한 사진, 깊이 있는 정보력을 바탕으로 한 '1인 미디어'였다. 오마이뉴스에 '아! 死대강' 연재기사를 올릴 때마다 평균 수십만 건의 조회 수를 기록했다. 최병성 기자는 위력적인 기사로 이명박 정권을 궁지로 몰았다.

편집국장을 하면서도 매년 한두 번은 4대강으로 달려가 현장 취재를 했다. 대부분의 언론들이 4대강 사업을 찬양하거나 외면했기 때문이다. '4대강 살리기'라는 간판을 내걸고 진행하는 사기극 '4대강 죽이기'를 누군가는 기록해야 했다. 민주주의를 말살하는 거대한 음모의 실체를 누군가는 끊임없이 고발해야 했다.

오마이뉴스 '4대강 독립군' 김종술, 정수근, 이철재 시민기자와 함께 비를 쫄딱 맞으면서 자전거를 타고 현장을 취재했다. '국민 모금'으로 마련한 투명카약을 타고 녹조 물에 뛰어들어 죽어가는 강의 처참한 모습을 기사와 페이스북 등으로 생중계했다. 시민기자와 직업기자가 환상적으로 결합한 취재 방식으로 주목을 받았다. 최악 수질을 뜻하는 4급수의 지표종인 실지렁이와 깔따구가 낙동강과 한강 펄 속에 살고 있다는 사실을 특종보도하기도 했다.

오마이뉴스의 직업기자와 시민기자들은 개고생도 마다 않으며 4대강 기사를 함께 썼다. 시민기자들의 헌신적인 활약은 오마이뉴스가 12년 동안 '이명박근혜 정권'의 4대강 사업을 감시하면서 대안언론의 역할을 할 수 있게 해준 커다란 힘이었다. 나에겐 부끄러움이기도 했다. 직업기자인 나는 월급을 받았지만, 김종술 시민기자는 막노동으로 번 돈을 취재비로 쓰면서 죽어가는 강의 모습을 생생하게 고발했다.

5년짜리 대통령은 모래와 자갈을 파내면서 오래된 강의 시간도 해체했다. 강 허리에 콘크리트 쇠말뚝을 박아서 쉼 없이 흐르던 강의 흐름을 단절했다. 수심 6미터의 정체된 강은 잉태의 공간에서 산소가 없는 불임의 공간으로 바뀌었다. 공존의 먹이사슬 구조가 파괴되자 강에서는 시궁창 냄새가 났다.

'국격'을 유달리 강조했던 이명박 전 대통령은 4대강 사업으로 강을 살려서 품격 있는 강을 만들겠다고 호언장담했지만 강은 죽었다. '녹색 르네상스'를 열어서 국민경제에 이바지하겠다고 했지만 악취 나는 강에서 돈을 건질 수는 없었다. 홍수와 가뭄을 예방하겠다고 했지만 재해가 없던 멀쩡한 4대강을 파헤쳐놓기만 했다. 그의 명분은 오만과 탐욕으로 덧칠된 사기극일 뿐이었다.

영혼 잃은 학자들은 사기극에 동참했다. 정치인과 관료는 부역하면서 호가호위했다. 이들이 던져버린 양심의 대가는 사상 최대의 훈포장이었다. 장관 자리를 꿰차거나 청와대에 들어갔다. 일부 학자들은 거액의 프로젝트를 따냈다. 국책사업을 철저하게 검증해야 할 언론사는 입을 다문 채 광고를 받아 배를 불렸다. 건설사들은 세금을 흥청망청 나눠 먹었다.

불법 담합이 없었다면 불가능한 일이었다. 정계, 재벌, 관료, 언론, 학계에 걸친 거대한 카르텔은 4대강에 금을 그어놓고 골재를 나눠 먹으면서 그들만의 잔치판을 벌였다. 4대강 사업에 반대하는 사람들, 강을 지키려고 저항하는 사람들에게 우르르 몰려가 '빨갱이' '종북'으로 낙인을 찍었다. 국정원과 기무사까지 동원했다. "고인 물은 썩는다"고 외치는 사람들에게 압력을 가하고 반대 댓글을 퍼나르며 여론을 뒤집으려 했다.

이명박, 박근혜 정권 9년 동안 4대강에 민주주의는 없었다. 온갖 꼼수, 편법, 탈법을 동원해서 형식적 민주주의의 틀을 허물었다. 국회에서 4대강 사업 예산을 날치기로 통과시켰고 환경영향평가도 제대로 시행하지 않았다. 문화재지표조사도 순식간에 해치웠다. 심지어 대형 댐을 '보'라고 우겼다. 불과 2년 만에 그들만을 위한 16개의 댐이 세워졌다.

이들이 4대강의 살과 뼈를 발라낼 동안 모든 이가 숨죽였던 건 아니다. 이명박 전 대통령의 한반도 대운하 공약 시절부터 반기를 든 학자들은 블랙리스트로 찍혀 탄압을 받았다. 검찰의 먼지떨이식 기획수사로 풍비박산 난 환경단체도 있었다. 오마이뉴스 시민기자들은 4대강을 가득 메운 녹조 속에 들어가 온몸으로 기사를 썼다.

강은 휘돌면서 물속에 깊은 자국을 남긴다. 4대강은 이명박, 박근혜 정권이 뿌려댄 오만과 탐욕으로 휘돌면서 소용돌이쳤다. 부역자들은 준동했고 저항자들은 이에 맞서면서 몸부림쳤다. 그 속에서 부패한 권력의 추악한 몸통이 드러났다 숨곤 했다. 손바닥 뒤집듯 양심을 저버린 부역자들의 부끄러운 민낯이 뒤섞여 흐르면서 4대강의 상처는 깊게 파였다.

이제 탐욕의 소용돌이는 멈췄다. 역사의 흐름을 거꾸로 돌리면서 국정을 농단한 두 명의 전직 대통령은 법의 심판을 받고 있다. 굳게 닫혔던 수문도 조금씩 열리고 있다. 이것만으로 정의가 세워졌다고 할 수 있을까? '고인 물은 썩는다'는 상식의 귀환을 마냥 기뻐할 수 있을까?

4대강을 농단했던 자들은 여전히 부끄러움을 모른다. 이 전 대통령을 포함해서 4대강 사업의 죗값을 받은 이도 없다. 곡학아세했던 학자들은 강단으로 돌아가 학생들을 가르치고 있다. 훈포장을 받았던 관료들은 고위직에 올라가 호시탐탐 4대강 수문을 닫아두려고 기회를 노리고 있다. 부역자들의 주장을 진실인 양 앵무새처럼 떠벌렸던 언론들은 자기 고백과 반성이 없다.

4대강의 깊은 상처는 이대로 아물 수 없다. 환부를 도려내듯이, 썩은 부역자들의 죗값을 물어야 한다. 고름을 짜내듯이, 영혼을 팔아 호가호위하면 반드시 심판받는다는 상식을 세워야 한다. 적어도 그들이 지난 과오를 부끄러워하는 세상을 만들어야 한다. 이렇게 하지 않는다면 우리는 단군 이래 최악의 사업이라는 4대강 사업의 아픔으로부터 아무것도 배울 수 없다.

강은 물길로 자기 역사를 기록한다. 이 책은 강의 물길을 바꾸려 했던 인간의 오만과 탐욕에 대한 기록이다. 4대강 사업에 부역한 뒤 승승장구하는 자들을 뒤쫓은 추격기이자 그들을 역사 심판대에 세우려고 쓴 고발장이다. 4대강 사업은 과거가 아니라 현재진행형이다. 그 생생함을 살리려고 과거의 취재 기록과 현재의 모습을 교차해서 편집했다.

강은 흐르지 않아도 침묵하지 않는다. 녹조와 큰빗이끼벌레, 실지렁이, 붉은 깔따구는 죽어가는 강의 슬픈 언어다. 온몸을 뒤틀면서 토해낸 말이다. 이런 강의 비명 소리에 귀를 기울이고 함께 아파한 저항자들의 목소리도 이 책에 담았다. 국가권력의 탄압에 굴하지 않고 양심과 소신으로 저항해온 학자들, 죽어가는 강을 발로 뛰며 기록한 시민기자들의 이야기다.

이들이 이명박, 박근혜 정부의 오만과 탐욕에 저항하지 않았다면 이 책은 세상에 나올 수 없었다. 특히 2007년부터 지금까지 현장에 남아 진실 기록자를 자임한 오마이뉴스 4대강 독립군 김종술, 정수근, 이철재 기자에게 뜨거운 우정과 감사의 마음을 보낸다. 4대강 탐사취재 12년의 기록을 책으로 남기자고 제안하며 성심껏 엮어준 서정은 오마이북 편집장과 꼼꼼하게 원고를 정리한 김초희 편집자에게도 고마운 마음을 전한다.

이 책은 오마이뉴스라는 세계 최초 시민참여저널리즘 플랫폼이 없었다면 탄생하지 못했을 것이다. 직업기자와 시민기자들이 힘을 합쳐 세상을 바꿔온 값진 결과물이다. 오마이뉴스가 지치지 않고 4대강 사업 적폐청산 작업을 할 수 있도록 후원해주신 많은 분들에게 고개 숙여 감사드린다.

지난 10년 동안 나는 매일 아침 두 바퀴로 두 개의 강을 건넜다. 안양천과 한강이다. 어제도 건넜고 오늘도 두 강을 건넜다. 이 책을 쓰기 시작한 2018년 봄, 훤히 내비치는 강물 속을 떼 지어 진군하던 숭어 몇 마리가 튀어 올랐다. 민물가마우지는 활주로를 이륙하듯 두 발로 강물을 차면서 솟구쳤다. 강둑에는 눈꽃 같은 벚꽃이 휘날렸다. 철쭉과 조팝나무는 붉고 흰 꽃망울을 터뜨렸다.

내 몸에도 두 개의 강이 흐른다. 자전거 페달을 밟으면 동맥과 모세혈관이 뛴다. 코와 입으로 들어오는 들숨은 혈액에 실려서 온몸의 세포에 산소를 공급한다. 내가 내뱉는 날숨은 정맥과 모세혈관에 실려 온 노폐물을 밀어낸다. 흐르는 강물처럼 내 몸도 매일 낡은 것을 밀어내며 흐르고 있다.

4대강 물길을 가두더니 자신이 감옥에 갇혀 '무술옥사(戊戌獄事)'를 외친 낯 뜨거운 대통령. 그는 이제 뒷물결이다. 4대강 보가 활짝 열리거나 해체되면 역사의 뒤안길로 퇴장할 것이다. 탐욕스러운 지도자에 의해 잠시 멈춰야 했던 4대강은 새로운 앞물결을 만들 것이다. 4대강은 누구의 것도 아니다. 우리는 지금 잠시 빌려 쓰는 것일

뿐이다. 오만한 권력이 강을 소유하려 했던 광기의 역사를 밀어버리고 굽이쳐 흐를 것이다.

    흐르는 게 강이다. 4대강은 강이다.

2019년 4월

김병기

차례

프롤로그: 강은 침묵하지 않는다 ——— 5

1부 | 삽질: 22조짜리 대국민 사기극

- 4대강은 누구 겁니까: 막이 오른 진실게임 ——————————— 19
- 국민을 속인 대통령: MB는 정말 몰랐을까 ——————————— 28
- 환경공학자인가 정치공학자인가: 비뚤어진 입 ————————— 41
- 0.1퍼센트도 부끄럽지 않다: 4대강 부역자의 사라진 양심 ———— 52
- 수심 6미터의 비밀: 사기극의 결정적 증거 —————————— 59

2부 | 추격: 죽이는 자와 살리는 자

- 27미터 교각 위의 외침: 4대강 사업을 중단하라 ——————— 71
- 청와대 하명 사건의 진실: 정치공작과 짜 맞추기 수사 ————— 83
- 심장이 멎는 듯한 압박: 국정원의 검은 움직임 ———————— 96
- 내부자들의 고백: 정부와 언론의 야합 ———————————— 109
- 묻혀버린 비자금의 진실: 피의자가 되어버린 제보자 ————— 119
- 꼬리만 자르면 끝인가: 말할 수 없는 이름 MB ———————— 128

3부 | 검은 강: 탐욕의 소용돌이에 맞서다

- 사람과 생명, 평화의 길을 찾아서: 진실을 향한 목소리 —————— 143
- 아, 4대강! 아, 死대강!: 거대악과 싸우는 1인 미디어 —————— 153
- 썩은 강에 고인 검은돈: 혈세의 행방을 쫓아라 —————————— 163
- '모범적인 녹색사업'의 실체: 거짓과 사기, 예견된 실패 ————— 171

4부 | 지키는 자: 4대강 현장, 그 12년의 저항과 기록

- "너, 밤길 조심해라": 온몸으로 쓰는 기사 ——————————————— 187
- 녹조라떼를 아시나요: 세상을 뒤흔든 한 장의 사진 ———————— 197
- 강이 흘러야 삶이 아름답다: 지역사회의 복원을 위하여 ————— 207
- 다시 쓰는 'MB의 시간': 4대강 인명사전부터 백서까지 ————— 217

5부 | 흐르는 강을 위하여: 민주주의의 귀환

- 댐 철거가 불러온 기적: 미국 취재기 1 ———————————————— 229
- 연어가 돌아왔다: 미국 취재기 2 ———————————————————— 237
- 강에서 배운 민주주의: 일본 취재기 —————————————————— 248
- 끝나지 않은 '괴물' 추적기: 다큐멘터리영화 〈삽질〉 메이킹 ——— 257
- 망가진 민주주의가 남긴 숙제: 깊게 파인 강의 상처 ——————— 269
- 흐르는 강을 위하여: 싸움은 끝나지 않았다 ————————————— 280

1부

삽질
22조짜리 대국민 사기극

2부

추격
죽이는 자와 살리는 자

3부

검은 강
탐욕의 소용돌이에 맞서다

4부

지키는 자
4대강 현장, 그 12년의 저항과 기록

5부

흐르는 강을 위하여
민주주의의 귀환

4대강은
누구 겁니까

―― 막이 오른 진실게임

10년 만에 그를 만난다. 내게 주어진 시간은 단 10초.

이명박 전 대통령이 인천국제공항 VIP 입국장 자동문으로 나와 모습을 드러낸 다음, 차를 타려고 열 발자국을 옮길 때까지 무조건 질문 한 개는 던져야 한다. 취재 열기는 뜨거웠다. 입국장 양옆에는 기자들이 두 겹으로 늘어섰고 맞은편에는 사진기자와 방송기자들이 세 겹으로 포진했다. 100여 명의 기자들은 디귿 자 모양으로 문을 포위한 채 MB가 도착하기만을 기다렸다.

그가 모습을 드러내면 사진기자들은 일제히 셔터를 누르고 방송기자들은 카메라를 돌릴 것이다. 보좌진을 통해 기자들의 질문을 받지 않겠다고 알려온 그는 포토라인에 1~2초 정도는 머물 것이다. 그 뒤 자동차 쪽으로 걸어가 차 문을 연다. 여기까지가 내가 생각한 10초 시나리오다. 아홉 걸음을 떼고 그가 자동차 안으로 들어갈 때, 양옆에 붙은 경호원들이 느슨해질 것이다. 나는 그때 그의 입에 마이크를 들이대야 한다.

2017년 11월 15일 오전 10시 30분경 그가 탈 승용차가 입국장으로 들어왔다. 취재기자 20여 명은 그의 동선을 따라 양옆으로 시멘트 바닥에 주저앉았다. 작은 목소리 하나도 놓치지 않고 받아서 치겠다는 자세로 노트북을 무릎에 올려놓은 채 손가락을 풀었다. 사진기자와 카메라기자들은 입국장 문을 마주 보고 사다리 위에서 진을 쳤다.

나는 MB를 태우려고 대기 중인 자동차 뒷문 옆에 쪼그려 앉았다. 여러 번 생각했지만 그 많은 취재진을 제치고 혼자서만 4~5개의 질문을 던지는 것은 아무래도 무리였다. 미리 준비한 질문은 포기하고 현장 상황에 맞는 새로운 질문을 짰다. 거두절미하고 그를 좀 더 자극해서 반응을 끌어낼 수 있는 단 한 개의 질문만 던진다면?

4대강 사업, 사과하실 의향이 있습니까?

나는 경호원들의 제지를 뚫으며 MB를 향해 소리쳤다. 국민 세금 22조 원을 4대강 바닥에 쓸어 넣고도 건재한 그에게 책임을 묻지 않는 대한민국. 지금도 매년 수천억 원의 세금을 4대강 바닥에 퍼붓는데도 책임지지 않는 부역자들. 4대강에 재앙을 가져왔으면서도 사과 한마디 없는 전직 대통령. 모두에게 던진 질문이었다.

짧은 순간이었지만 MB는 나를 날카롭게 노려봤다. 대답 대신 눈빛으로 말한 것이다. 그 눈빛을 기억한다. 10년 전 나와 악수를 할 때 보였던 눈빛이다. 얼굴을 마주한 거리도 비슷했다. 숨결이 느껴질 정도였다. 눈 속에 기름기가 흘렀다. 그때 그는 유력 대통령 후보였다.

2007년 6월 17일 서울 대방동 서울여성플라자에서 열린 '한반도 대운하' 설명회에 참석하려고 엘리베이터를 탔더니 밀폐된 공간에 그가 있었다. 서울시장으로 재직할 때 인터뷰를 한 적이 있지만 그는 나를 알아보지 못했다. 옆에 있던 당시 박형준 대변인이 나를 MB에게 소개했다.

"오마이뉴스 김병기 기자입니다. 오늘 행사는 오마이뉴스 때문에 열린 겁니다. 오늘 김 기자만 설득하면 성공입니다."

이 후보는 "아하"라고 속삭이듯 말하며 나에게 손을 내밀었다. 그와 함께 설명회장에 들어갔다. 100명이 넘는 기자들이 와 있었다. 대통령 후보 여론조사에서 압도적 우위를 달리던 그가 자신의 '제1공약'인 한반도 대운하를 설명하는 자리였다.

이명박 후보의 양옆으로 환경, 경제, 토목공학 전공 교수들이 앉았다. 일명 '스크루 박'으로 불리는 박석순 이화여대 교수와 유우익 서울대 교수, 곽승준 고려대 교수 등이다. 박 교수는 나중에 국립환경과학원 원장 자리를 꿰찼고 유 교수는 이명박 정부 첫 대통령실장이 되었다. 곽 교수는 대통령실 국정기획수석비서관이었다가 미래기획위원회 위원장을 지내는 등 대부분 이 후보가 대통령으로 당선된 뒤 호가호위한 사람들이다.

이명박 후보는 그날 설명회 자리에서 자신의 공약인 한반도 대운하가 국운을 융성시킬 것이라는 말을 반복했다. 그는 옆에 앉아 있던 학자들이 분석한 경제성, 환경성 평가 등을 근거로 내세웠다. "반대하려면 과학적 근거를 대라"고 역정을 내기도 했다. 그날 이명박 후보가 했던 말 중에서 아직도 선명하게 기억나는 한마디가 있다.

"백두산 천지 못도 맑습니다."

궤변이었다. 4대강 수질 악화를 우려하는 한 기자의 질문에 대한 답변치고는 '걸작'이었다. 고인 물은 썩는다는 상식을 뒤집으려고 오염원이 전혀 없는 천혜의 자연을 끌어다 쓴 것이다. 일부 언론은 이런 황당무계한 말을 기사 제목으로 뽑았다. 유력 대통령 후보의 제1공약은 실현 가능성이 높은 사업이라는 점에서 가혹하리만큼 철저한 검증이 이뤄져야 하는데도 그러지 않은 것이다.

그들은 감시견이 아니라 앵무새였다. 이후에도 대부분의 보수언론들은 행정기관에 제출하는 서류 작업을 돕는 '대서방'처럼 그의 장밋빛 공약을 신문 지면에 올렸다.

[사기극의 시작] 골재 안 팔리면 내가 수출할 테니

더 황당한 말은 기자설명회가 끝날 무렵에 나왔다. 그는 내가 질문을 시작하자 옆에 있던 교수를 쳐다보고 웃으면서 작은 목소리로 이렇게 말했다.

"어, 오마이뉴스야!"

나는 대운하의 경제성을 문제 삼았다. 이명박 후보 옆자리에 있던 곽승준 고려대 경제학과 교수는 한반도 대운하가 국운융성을 가져올 프로젝트라는 것을 뒷받침하는 경제성 평가를 했던 인물이다. 그는 대운하를 건설하면 4대강을 통해 하루에 1039톤의 물자를 운반할 수 있다고 주장했다. 당시 오마이뉴스와 생태지평연구소가 이를 분석한 결과, 하루에 12척의 배를 띄우면 이 물동량을 해결할 수 있다는 것을 밝혀냈다. 하루에 12척의 배로 정말 국운이 융성될까?

하루에 12척의 배를 띄우려고 수십조 원을 들여서 경부운하를 만드는 것이 타당하다고 보십니까?

나의 질문에 이명박 후보는 불편한 속내를 드러냈다. 그는 "오마이뉴스에서 너무 많은 질문을 해주셨기 때문에"라고 말문을 연 뒤 "긍정적으로 생각하는 의사가 없는 질문인 것 같아서 아쉽다"고 말했다. 구체적인 답변을 피한 것이다. 다른 언론사 기자 2~3명이 한반도 대운하의 경제적 효과에 대해 추가로 질문하자 그는 이렇게 말했다.

"곽승준 교수, 골재가 안 팔리면 내가 수출할 테니 걱정 마세요."

값비싼 광석이라면 몰라도 모래와 자갈 같은 골재를 수출하는 나라는 없다. 배에 선적하고 운반하는 시간이 많이 들기 때문이다. 강원도에서 파낸 골재를 전라남도에 파는 경우도 드물다. 기름값은 물론 인건비도 건지기 힘들기 때문이다. 그는 기자들을 불러놓고 한반도 대운하를 설명한 게 아니라 거짓을 덮기 위해 또 다른 거짓

말을 늘어놓은 것이다.

그가 오마이뉴스에 가진 불쾌한 감정은 기자설명회가 끝난 뒤에도 확인할 수 있었다. 이명박 후보는 100여 명의 기자들과 일일이 눈을 맞추며 악수했다. 나의 손도 잡았다. 하지만 애써 시선을 피했다. 나와 악수하면서 다른 곳으로 돌린 눈빛은 훗날 인천국제공항에서 본 바로 그 눈빛이었다. 10년 전 눈빛은 대운하 공약을 포기하지 않겠다는 뜻이었고, 10년 후 눈빛은 사과하지 않겠다는 의미였다. 섬뜩했다.

그는 대통령에 당선됐고, 운하 반대자들은 '종북'과 '빨갱이'로 매도됐다. 국가 사정기관을 동원해 한반도 대운하를 반대하는 전국교수모임에 참여한 학자들을 불법 사찰한 사실도 드러났다. 환경단체를 압수수색하면서 대대적으로 탄압했다. 4대강 사업이라고 이름만 바꿔서 예산을 날치기로 통과시켰다. 비밀 군사작전처럼 우리의 강을 유린한 단군 이래 최대의 국책사업 사기극이었다.

[책임] 4대강은 누구 겁니까?

"다스는 누구 겁니까?"

2007년 말, 다스의 실소유주가 이명박 전 대통령이라는 정황 증거들이 나오면서 누리꾼들 사이에서 비아냥조로 흘러나왔던 유행어였다. 이 말을 들을 때마다, '이명박근혜 정권'의 손아귀에서 4대강을 해방시키겠다는 일념으로 온갖 협박과 폭력, 불법 사찰을 무릅쓰며 현장을 지켜온 오마이뉴스 4대강 독립군들은 이런 의문을 떠올렸다.

"4대강은 누구 겁니까?"

4대강의 주인은 이명박 전 대통령이 아니다. 4대강의 주인은 이 땅에서 살았던 과거 선조들이고, 지금 살아가는 우리들이다. 장차 이 땅에서 살아갈 미래 세대의 것이기도 하다. 아니, 자연은 누구의 것도 아니다. 그저 자연일 따름이다. 5년짜리 권력자가 자기 마음대로 소유할 수 있는 것이 아니다.

4대강 사업으로 국민이 낸 세금 22조 원을 날렸다. 사업이 완공되고 4년 뒤 치러진 대선에서 문재인 후보는 4대강 복원을 공약으로 내세웠고, 집권한 뒤에는 16개 댐의 수문을 조금씩 열면서 수문 완전 개방 시 주변에 미치는 영향 등을 모니터링하고 있다. 이를 통해 정부가 수문 완전 개방 또는 댐 해체 등의 결론을 내린다면? 4대강 공사에 쓴 천문학적인 세금은 고스란히 낭비된 셈이다.

여기에 그치는 게 아니다. 4대강 사업의 피해는 현재진행형이다. 4대강 사업을 2009년에 시작해서 2013년에 완공한 뒤에도 매년 16개 댐의 유지보수 비용으로 수천억 원의 세금을 쏟아붓고 있다. 4대강변에 형성된 천혜의 습지를 밀어내고, 그곳에서 농사를 짓던 농민을 내쫓은 뒤에 인공적으로 조성한 전국 130여 개 공원의 유지관리 비용도 수백억에서 수천억 원에 이른다.

상황이 이런데도 이명박 전 대통령은 여전히 잘한 일이라고 우기고 있다. 그의 주변에서 곡학아세하며 호가호위했던 학자와 정치인들은 지금도 승승장구하고 있다. 국민 세금을 쏟아부어 4대강을 죽인 대가로 역대 최대인 1000개에 달하는 훈포장을 흥청망청 나눠 먹은 관료와 건설재벌들 또한 잘살고 있다.

멀쩡했던 4대강에 매년 녹조가 창궐하고, 물고기가 떼죽음을 당했다. 고인 물에서나 서식하던 큰빗이끼벌레가 들끓더니, 또 다른 생명체가 창궐했다. 환경부가 지정한 최악 수질(4급수)에 사는 붉은 깔따구와 실지렁이다. 4대강에 쌓인 펄을 한 삽 뜨면 시궁창에서나 발견할 수 있는 생명체들이 득실득실하다.

누가 책임을 져야 할까? 이명박 전 대통령은 2009년 3월 23일 라디오 정례연설에서 이렇게 말한 적이 있다.

> **나는 평소에 탈세가 범죄이듯 공직자가 예산을 낭비하는 것도 일종의 범죄라고 생각하고 있습니다. 더구나 가장 어려운 사람에게 가야 할 돈을 횡령하는 것은 용서받지 못할 범죄입니다. (중략) 열심히 일하다가 실수한 공무원에게는 관대하겠지만, 의도적인 부정을 저지른 공무원은 일벌백계할 것입니다. 앞으로 횡령금의 2배까지 물게 하고 예산 집행에 실명제를 도입해 끝까지 책임을 지게 하겠습니다.**

우리는 아직도 그의 범죄를 일벌백계하지 못했다. 인천공항에서 보았던 심판받지 않은 자의 득의양양한 눈빛은 사회 곳곳에 살아 있다. 4대강 사업에 앞장섰던 자들은 부역의 대가로 얻은 연구비와 연구 실적을 내세워 더 큰 프로젝트를 따내고 있다. 청산하지 못했던 친일의 역사가 반세기 동안 대접을 받았고, 우리 현대사의 질곡으로 작용하는 것과 다를 바가 없다.

   10년 만에 내게 주어졌던 10초간의 짧은 만남. 나는 부끄러워하지 않는 그가 부끄러웠다.

국민을 속인 대통령

—— MB는 정말 몰랐을까

"선배, 지금 들어갔습니다."

2018년 1월 5일 오전 11시 52분, 이명박 전 대통령 사무실 건물 앞에서 일명 '뻗치기'(취재 대상을 무작정 기다리는 취재 기법)를 하던 오마이뉴스 4대강 다큐멘터리영화 〈삽질〉 제작팀의 안정호 기자가 다급하게 전화했다. 이날 아침부터 함께 있던 4대강 독립군들이 교대로 점심을 먹으려고 인근 식당에 있을 때였다. 전화를 받자마자 서너 숟가락을 남겨둔 채 자리에서 일어나 서울 지하철 2호선 삼성역 4번 출구 앞쪽의 사무실로 서둘러 갔다.

이 전 대통령을 드디어 만난다. 4대강 독립군들은 이날 오전 내내 경호원 눈에 띄지 않게 매복하듯 주변 커피숍에서 대기했다. 이제 그가 들어간 것을 확인했으니 우린 숨어 있을 필요가 없었다. 경호원들이 보건 말건 카메라를 드러내놓고 건물 밖에서 진을 쳤다. 이전 대통령은 언젠가는 반드시 퇴근한다.

바깥으로 빠져나갈 출입구는 많지 않았다. 건물 지하 주차장이 없다는 게 다행이었다. 1층 로비에는 정문과 옆문뿐이다. 그가 굳이 〈삽질〉 제작팀의 카메라를 피하고 싶다면 한 가지 길이 더 있다. 지하 2층에서 계단을 올라오면 보이는 작은 출입구다. 안정호 기자가 이곳을 맡았다.

"선배, 어제 MB가 옆문으로 나간 것도 웃겼지만 오늘 이곳으로 나오면 진짜 대박일 겁니다."

[뻗치기] 시간과의 싸움

전날 4대강 독립군이 MB를 놓친 건 정문으로 나올 것이라 확신했기 때문이다. 사전 답사했던 날에도 그는 정문으로 나왔다. 하지만 보좌진을 통해 우리의 존재를 파악한 그는 4대강 독립군을 피해 옆문으로 빠져나갔다. 하루 종일 추위에 떨면서 진을 쳤는데 낭패였다. 그래서 이날은 오마이뉴스 기자 3명이 세 군데 출입문을 틀어막았다. 물 샐 구멍이 없었다.

오후 2시 20분, 정문 앞에 있던 안민식 기자에게서 카톡이 왔다. '4대강 사업 전도사'였던 이재오 전 의원이 건물에서 나왔는데 혼자였다는 것이다. 2시 34분, 안정호 기자가 카톡을 날렸다. 이 전 대통령을 태울 차가 삼성역 사거리를 지나갔으니 긴장하고 있으라는 말이었다. 안정호 기자와 조민웅 기자는 아침, 점심을 걸렀다.

오후 3시, 4시, 5시, 6시.

10시간 이상 뻗치기를 했지만 그는 나오지 않았다. 혹시나 하는 마음으로 그의 12층 사무실을 수십 번 올려다봤으나 불은 켜져 있었다. 아직 사무실에 있다는 뜻이다. 안도와 초조함이 수없이 교차했다. 추위에 배고픔까지 밀려왔다.

결국 4대강 독립군과 다큐영화 〈삽질〉 제작팀은 길거리에서 떡볶이로 배를 채웠다. 두유와 쌍화탕을 몸속으로 집어넣었다. 발가락 끝이 시려서 틈만 나면 뛰었다. 모두들 코가 빨개졌다. 해가 기울수록 바람이 세차졌다.

[추격] 우릴 속였다

12년 전인 2007년 내가 MB를 뒤쫓을 때도 이 정도로 힘들지는 않았다. 비행기를 타고 8500킬로미터 떨어진 곳까지 날아가 그의 말잔치와 속임수를 확인할 때마다 쾌감도 들었다. '경부운하, 축복인가 재앙인가' 기획기사를 현지에서 쏘아 올리면 반응도 뜨거웠다.

2006년 10월 당시 유력 대통령 후보였던 MB는 독일 마인-도나우 운하(MDK: Main-Donau-Kanal)에서 제일 높은 곳인 해발 406미터의 힐폴트슈타인(Hilpoltstein) 갑문에 올라가 제1공약 경부운하(한반도 대운하)를 선언했다.

"여기에 와보니 경부운하가 꿈이 아니라는 사실을 알게 됐다."

'한반도 국운융성 프로젝트'라는 장밋빛 공약이었다. 언론들은 받아 적었다. 유력 대선주자였기에 공약의 무게감이 남달랐지만 이들은 검증하지 않았다. 이 후보는 대선 여론조사에서 고공행진을 이어갔다. 사실상 선거가 요식행위로 여겨질 정도였다. 한반도 대운하 공약도 널리 회자됐다. 그는 팍팍한 삶을 살아가는 서민들의 뇌리에 이 말을 각인시켰다.

"국민 여러분, 부자 되세요."

그가 재임 기간 동안에 보여준 행태를 떠올리면 화가 치미는 말이다. '부자 감세' 정책으로 부자들은 더 부자가 됐고 서민경제는 나락으로 떨어졌다. 하지만 기업 CEO 출신 후보가 던지는 달콤한 말은 국민들의 마음을 흔들었다. 이 후보는 "한반도 대운하는 '대한민국 747 비전'(7퍼센트 성장, 4만 달러 소득, 7대 경제강국)을 실현하는 기폭제가 될 것"이라고 주장했다.

오마이뉴스와 생태지평연구소는 2007년 2월 독일행 비행기에 몸을 실었다. MB의 독일발 경부운하의 실체를 검증하는 해외 탐사취재를 위해서였다. 우리는 MB의 답사 경로를 뒤쫓아 그가 방문한 도시들과 만났던 사람들을 똑같이 찾아가면서 운하 선진국의 현주소를 다시 확인했다. 지금 4대강 독립군들이 MB를 쫓고 있는 것처럼 당시 4개월의 시간차를 두고 그를 추격했다.

당시 독일과 네덜란드에서 MB가 만난 사람들을 다시 만나 운하를 취재한 결론을 한마디로 요약하면 이것이다.

"우릴 속였다."

MB는 멀쩡한 4대강을 죽은 강이라고 우기면서 운하로 강을 살리겠다고 말했다. 하지만 독일에는 '친환경 운하'가 없었다. 당시 마인-도나우 운하를 총괄하는 독일 연방수로국 뉘른베르크 지부 슈테파니 텝케(Stefanie Tepke) 부국장은 "운하의 물은 정체된 상태이기 때문에 절대로 식수원으로 쓸 수 없으며, 물에 들어가서 수영을 해서도 안 될 정도의 수질"이라고 말했다.

텝케 부국장은 우리와 만나기 넉 달 전에 이 전 대통령 일행에게 직접 프레젠테이션을 한 인물이었다. '운하를 파서 죽은 4대강을 살리겠다'고 공약한 MB의 말과는 너무 달랐다. 왜일까? 텝케 부국장은 우리에게 그 이유를 짐작하게 하는 이야기를 들려주었다.

"이명박 씨 일행은 나의 프레젠테이션에 별로 관심이 없는 것 같았어요. 질문도 나오지 않았죠. 1시간 동안 당신들이 앉아 있는 바로 이곳에서 브리핑을 했는데, 전화하면서 자리를 뜨는 사람도 있었고 너무 산만했죠. 당신들과는 많이 달랐어요."

그는 이 후보 일행을 힐폴트슈타인 갑문까지 안내했다. 그곳에서 이 후보는 검은색 선글라스를 끼고 경부운하 공약을 발표했다. 한국 언론은 번지르르하게 이 소식을 대서특필했지만, 우리 취재팀을 그곳으로 안내한 텝케 부국장은 또다시 불편한 기억을 떠올렸다.

"이명박 씨 일행이 이곳에 왔을 때 마침 갑문에 배가 들어오고 있었죠. 하지만 일행은 그냥 떠났습니다. 대부분의 사람들이 배를 25

미터 수직 상승시키는 모습을 보기 위해 여기까지 오는데, 궁금하지 않았던 모양입니다. 난 그 자리에서 브리핑을 접었죠."

그 뒤 우리는 독일의 최대 환경운동단체인 '독일 환경보호연맹 지구의 벗(BUND)'에서 강의 수질을 담당하는 만프레트 크라우스(Manfred Krauß) 씨를 만났다. 한반도 대운하에 대해 설명하고 의견을 구하자 그는 "한마디로 미친 짓"이라고 정의했다. 내가 "이명박 후보는 공사비의 50퍼센트를 골재 판매 대금으로 충당하겠다고 말하고 다닌다"고 하자 그는 "강바닥에 금이라도 박혀 있는가?"라고 반문했다. "경부운하로 70만 고용 창출이 가능한가?"라고 묻자 그는 "중장비가 아니라 삽으로 퍼서 건설한다면 70만 명이 필요할 수도 있겠지만, 그 일자리도 공사가 끝나면 없어질 것"이라고도 했다.

서울에서 8500킬로미터 떨어진 독일 땅에서 허구로 가득 찬 이명박발 장밋빛 공약의 진실을 알았지만, 허탈했다. 이명박 후보는 "여기(독일)에 와보니 경부운하가 꿈이 아니라는 사실을 알게 됐다"고 말했지만, 앞뒤가 바뀌었다. 그는 선진국의 운하를 배우러 간 게 아니라 책상머리에서 미리 만든 경부운하 공약을 발표하려고 독일에 간 셈이다.

[유령도시] 몰락한 도시, 죽은 산업

이명박 후보 일행은 귀국한 뒤인 2006년 11월 13일 한반도대운하연구회 주최로 '한반도 대운하 국운융성의 길'이라는 학술 심포지엄을 열었다. 이 후보는 이 자리에서 인사말을 했다. 이날 배포된 팸플릿에는 독일 뒤스부르크 내항의 화려한 전경 사진과 함께 다음과 같은 설명이 실려 있었다.

"물류 경쟁력을 바탕으로 대규모 물류단지를 조성해 유럽의 대표적인 물류도시로 성장한 내항 도시."

오마이뉴스 취재팀은 2007년 2월 이 팸플릿을 들고 독일행 비행기를 탔다. 우리 눈으로 직접 내륙항의 발전상을 확인하고 싶었다. 하지만 놀랍게도 MB가 치켜세웠던 뒤스부르크 내항은 '존재'하지 않았다. 운하는 사양산업으로 전락했고, 몰락한 도시의 흔적만 가득했다. 뒤스부르크 내항은 역사 속 항구가 되어 박물관에 고이 모셔져 있었다. 2007년 3월 7일 내가 쓴 '썰렁한 MD 운하, 관리 인원 380명뿐, 그 3배인 경부운하로 30만 일자리 창출?'이라는 제목의 기사는 이렇게 시작한다.

"이제 뒤스부르크 내항에 한번 가보죠."(취재팀)
"거긴 왜요? 볼 게 없는데……."(뒤스부르크 수로박물관 안내인)
"아니, 그럼 지금까지 설명한 건 뭐죠?"(취재팀)
"아하, 이곳은 역사 속의 항구입니다. 지금은 별거 없어요."(수로박물관 안내인)

순간 뒤통수를 한 대 맞은 듯했다. 운하가 지역경제를 살린 대표적인 예로 국내에 소개된 뒤스부르크 내항. 그걸 직접 눈으로 확인하기 위해 방문했는데, 대체 이게 무슨 말인가? 수로박물관에서 나와 택시 운전사의 말을 듣고서야 '우리가 이곳에 잘못된 정보를 갖고 온 것 아닌가' 하는 의구심이 들기 시작했다.

당시 나는 한반도대운하연구회 팸플릿에 나온 뒤스부르크 내항의 전경을 보여주면서 "이곳에 가고 싶다"고 말했다. 하지만 택시 운전사는 확신에 찬 어조로 "이런 곳은 없다"고 잘라 말했다. "여긴 완전히 몰락한 도시이고 인구도 30퍼센트 정도 줄었다"는 것이다. 도로와 철도가 발전하면서 운하는 사양산업으로 전락했다는 게 그의 말이었다.

실제로 항구에는 찬바람이 불었다. 정박해 있는 배는 10여 척이 전부였다. 곡식 창고였던 붉은 벽돌 건물에는 다른 사무실이 입주했다. 곡식을 퍼 올렸던 크레인은 시뻘겋게 녹이 슬었다. 건물 몇 채는 앙상한 골격만 남긴 채 항구도시 뒤스부르크의 유물로 변했다. 이곳을 방문했던 이명박 후보 일행은 대체 무슨 배짱으로 독일에서 본 '유령도시'를 버젓이 팸플릿에 올린 것일까?

그 의문은 이듬해인 2007년 6월 17일에 열린 '한반도 대운하 설명회'에서 풀렸다. 당시 이 후보는 "광주, 나주, 정읍, 대구, 구미, 밀양, 문경, 상주, 충주, 여주에 화물과 여객을 수송하는 내륙 항구가 건설될 것"이라고 홍보했다. 선거를 앞두고 지역 표심을 현혹하기 위한 수단으로, 유령도시를 낙후된 지역경제의 대안 모델인 양 끌어다 쓴 것이었다.

[거짓말] 내가 해봐서 아는데

이명박 후보는 독일을 다녀오기 전부터 "운하는 경제적 성장 동력이며 엄청난 일자리를 창출한다"고 강조했다. 이 후보 캠프에 참여했던 경제학자들이 경쟁적으로 제시한 수치는 30만 명에서 70만 명에 이르기까지 널뛰기를 했다. 대통령에 당선된 뒤 4대강 사업으로 이름을 바꿨을 때에도 30~40만 개의 일자리 창출을 공언했다.

이 후보의 공약을 현실화해서 경부운하를 건설한다면 총연장 구간은 550킬로미터. 독일 현지에서 확인한 결과 이 후보가 경부운하의 모델로 설정한 171킬로미터의 마인-도나우 운하를 관리하는 인력은 380명에 불과했다. 관광객들이 많이 찾는 힐폴트슈타인 갑문에서 일하는 사람도 3~4명뿐이었다.

취재팀은 독일수운연합회가 인터넷에 공개한 '내륙운송 관련 기업 수'도 확인했다. 2004년 6월 기준으로 총 1169개였다. 총연장 7300킬로미터의 독일 수로를 오가는 운송업 회사들이었다. 고용 인원은 총 7612명. 이 중 승선 인원은 6080명인데 여기에는 함께 타고 다니는 승선자 가족 1147명도 포함되어 있었다. 뭍에서 일하는 사람은 1532명이었다. 회사당 7명가량의 인원이 일자리를 유지하고 있었다.

당시 이명박 후보 측은 경부운하 공약에 대한 오마이뉴스의 비판 기사에 대해 "반대를 위한 반대"라면서 '내가 해봐서 아는데……'라는 이 후보 특유의 화법을 구사하며 이렇게 말하곤 했다.

"내가 독일에 가서 직접 확인을 해봐서 아는데⋯⋯."

하지만 당시 현지에서 확인한 결과 한반도 대운하가 '국운융성 프로젝트'라던 이 후보의 약속은 거짓말이었다. 유럽에서는 이미 고철로 변해 박물관에 처박히는 신세가 된 운하로는 대한민국의 경제를 살릴 수도 없었고, 30~40만 개의 일자리 창출 효과를 거둘 수도 없었다.

이렇듯 2007년 오마이뉴스의 'MB 추격기'는 이 후보의 사기극을 독일 현지에서 최초로 확인했다. 고인 물은 썩는다는 상식을 재확인했고, 물고기도 놀지 못하는 썩은 물에서는 일자리가 나올 수도 없다는 교훈도 전했다. 이 기사는 많은 독자들의 관심을 불러일으켰다. 그 뒤 운하반대 전국교수모임 등이 결성됐고 환경단체들도 목소리를 높이기 시작했다.

[외침] 4대강 다 죽여놓고 행복합니까

"저 사람이 경호원인 것 같은데⋯⋯."

4대강 독립군 '금강 요정' 김종술 기자가 수상한 낌새를 감지했다. 건물 밖에서 뻗치기를 시작한 지 9시간이 지난 오후 6시 10분, 건물 쪽문에 덩치가 건장한 한 사람이 등장했다. 그는 컴컴한 곳에서 휴대폰을 보다가 가죽 장갑을 만지작거리며 서성였다. 누가 봐도 경호원이었다. 10여 분이 지나자 자동차가 그 앞에 섰다. 검은색 제

네시스였다. 번호판을 봤다. 09머 ××××.

4대강 독립군 정수근(대구환경운동연합 생태보존국장) 기자와 이철재(전 환경운동연합 정책실장) 기자가 작은 도로를 사이에 두고 모여들었다. 제3의 문인 쪽문을 지키고 있던 안정호 기자가 뛰어와서 카메라 앵글을 돌렸다. 조민웅 기자는 쪽문의 작은 유리창에 카메라를 고정했다. 안민식 기자는 김종술 기자의 모습을 카메라에 담았다.

눈 깜짝할 새였다. 이날도 이 전 대통령은 평소 이용하는 정문을 택하지 않았다. 쪽문 안쪽에 켜 있던 등이 꺼졌다. 곧바로 네다섯 사람이 주차장으로 나왔다. 앞에 나온 사람들이 이 전 대통령의 얼굴을 가렸다. 의도적이었다. 카메라에 얼굴을 찍히지 않으려는 작전이었다. 순간 4대강 독립군 정수근, 김종술, 이철재 기자는 마치 용수철이 튕겨 나가듯이 자동차를 향해 뛰었다.

"죽어가는 4대강, 어쩌실 겁니까?"

"4대강 다 죽여놓고 행복하십니까?"

"이 초대장을 드리려고 왔습니다!"

경호원에게 가로막혔지만, 그가 충분히 들을 수 있는 거리였다. 4대강 독립군들이 지난 10년 동안 가슴에 품었던 질문이자 비명이고 외침이었다.

한 경호원은 안민식 기자의 팔과 무릎을 꺾어 제압한 뒤 옆에 주차된 다른 차량으로 거칠게 밀어붙였다. 쿵 하고 세게 부딪치는 소리가 났다. 옆에 있던 김종술 기자가 경호원을 향해 "때리지 마십시오"라고 소리쳤다. 이 전 대통령을 태운 차가 빠져나가자 그 뒤를 경호차가 급발진하면서 쏜살같이 따라붙었다. 안 기자는 전치 3주의 부상을 입었다.

다음 날인 2018년 1월 6일 오후 4대강 독립군들이 다시 모였다. 이번에는 MB 집 근처인 서울 지하철 7호선 학동역 6번 출구 앞이었다. 이들은 오후 4시부터 '죽음의 강 보고대회'를 열었다. 4대강 사업 때 경기 여주 이포보에서 공사 중단을 촉구하며 장기 고공농성을 했던 염형철 환경운동연합 사무총장이 마이크를 잡고 사회를 봤다.

김종술 기자는 금강에서 캐 온 실지렁이와 시궁창 펄을 가져와서 시민들과 만났다. '녹조라떼'라는 신조어를 유행시켰던 정수근 기자는 낙동강의 썩은 물을 떠 왔다. 이철재 기자는 4대강 부역자들이 저지른 죄를 고발했다. '한강 지킴이'이자 당시 경기도 여주시의원이었던 이항진 씨는 "4대강 공사비 마련한다던 5년 묵은 남한강 골재가 여주에 쌓여 있다"고 성토했다.

이날 1시간 동안 길거리 강연을 한 4대강 독립군들은 깔따구, 실지렁이, 녹조 사진을 들고 행진했다. '쥐를 잡자 특공대'는 이 전 대통령 집에서 50미터 떨어진 제5초소 앞에서 촛불집회를 열고 있었다. 행사 관계자가 '4대강 독립군 대장' 김종술 기자를 무대 차 위로 불렀다. 김 기자는 한 손에 촛불을, 다른 손에 마이크를 든 채 '이명박 4대강'의 흑역사를 설명했다.

김종술 기자는 마지막에 구호를 선창했다.

"이명박을 구속시키자."

2박 3일간의 추격전은 이렇게 마무리됐다. 아니, 2007년 독일 취재에서부터 시작된 추격전은 지금도 계속되고 있다. 매년 녹조가 창궐하는 4대강은 죽어가면서도 온몸으로 '4대강 사기극'을 고발하고 있는데 MB는 마땅한 죗값을 받지 않았다. 그는 2018년 3월 22일 감옥에 갇혔지만, 강을 망치고 세금을 낭비한 죄에 대한 처벌은 이뤄지지 않았다.

만일 이대로 마침표를 찍는다면 우리는 단군 이래 최악의 토목사업으로부터 교훈을 얻을 수 없다. 4대강 독립군은 쥐구멍을 지키듯이 지금도 거의 매일 4대강 현장을 취재하며 그가 받을 죗값의 크기를 재고 있다. 그는 이제 더 이상 도망갈 곳이 없다.

환경공학자인가
정치공학자인가

── 비뚤어진 입

철컥. 문손잡이를 돌렸다. 열리지 않았다. 누군가 강의실 뒷문을 잠근 것이다. 잠시 뒤 앞문에서도 철컥하는 소리가 났다. 4대강 다큐영화 〈삽질〉 제작팀이 전혀 예상치 못한 일이었다. 10여 분이 지나도 '그'는 나오지 않았다. '셀프 감금' 상태였다. 강의실 밖에는 카메라 두 대가 돌고 있었다. 절대로 찍히지 않겠다는 강한 의지의 표현이었다. 여러 학생들과 다른 교수들도 덩달아 갇혔다. 그는 비겁했다.

2017년 11월 29일 〈삽질〉 제작팀이 찾아간 사람은 박석순 이화여대 환경공학과 교수. 그는 '스크루 박'으로 불린다. 이명박 전 대통령이 후보 시절에 한반도 대운하를 제1공약으로 내걸었을 때 "만약 4대강에 녹조가 낀다면 배를 띄우면 된다"고 말해서 붙은 별명이다. 배에 달린 스크루(screw: 날개깃을 회전시켜 추진력을 갖는 장치)를 이용한 폭기(曝氣) 작용으로 물속에 산소를 공급하면 된다는 주장이다. 과연 그럴까?

[셀프 감금] 스크루 박의 침묵

2016년 여름 오마이뉴스 4대강 독립군이 탐사보도 때 찍은 충격적인 영상은 널리 회자된 바 있다. 낙동강의 대구 달성군 구간인 도동서원 앞에서 드론으로 촬영한 영상이었다. 도동나루터였던 그곳에는 걸쭉한 녹조가 창궐했다. 어부는 그물을 던지는 대신 고기잡이를 했던 배로 스크루를 돌리며 녹조를 제거하고 있었다. 스크루가 돌아갈 때마다 녹색 물보라가 일었다. 옆에서는 녹조 제거용 수차가 힘차게 돌고 있었다.

스크루 박의 주장은 현실이 됐다. 과거에 이렇게 많은 스크루를 돌린 적은 없다. 수자원공사에 고용된 비정규직 직원들은 4대강 16개 댐에서 수억 원에 달하는 녹조 제거용 보트를 타고 강을 휘젓고 있다. 물론 배 구입비와 시설비, 전기료, 기름값, 인건비가 스크루 박의 주머니에서 나온 건 아니다. 당연히 국민 세금으로 운영되는데, 이마저도 무용지물이다. 매년 여름 그의 주장이 거짓임을 증명하듯이 녹조의 농도는 더 짙어져만 간다.

이건 빙산의 일각이다. 수심 6미터 아래쪽은 시궁창이다. 비유나

과장이 결코 아니다. 환경부가 지정한 '최악 수질' 4급수 지표종인 붉은 깔따구 유충과 실지렁이가 꿈틀거린다. 금강의 물속 펄을 푸면 한 삽에 수십 마리가 올라온다. 댐으로 막힌 강바닥에 펄층이 쌓였다. 스크루를 아무리 돌려도 공기가 들어갈 수 없는 산소 제로 지대의 생명체들이다.

펄은 썩으면서 메탄가스를 배출한다. 잠시 멈춰 서서 흐르지 않는 강의 표면을 가만히 들여다보면 안다. 하늘은 멀쩡한데 수면 위에 방울이 떨어지듯 동심원이 생긴다. 비가 오는 것 같다. 장화를 신고 물속으로 들어가 펄을 걸으면 머리통만 한 공기 방울들이 부글거리며 솟아오른다. 그게 터지면서 악취가 진동한다. 강바닥이 썩고 있다는 뜻이다.

이 말도 과장된 것이라고 의심하는 독자들이 있을지 모른다. 하지만 실제로 2016년 오마이뉴스 탐사보도 당시 금강을 지켜온 4대강 독립군 김종술 기자가 썩은 펄 속에 직접 들어갔더니 뭉글뭉글한 가스 방울이 치솟았다. 시궁창 냄새를 풍기며 터지는 공기 방울처럼 부아가 치밀어 올랐다.

누가 이 거대한 4대강 '뻘짓'을 책임질 것인가? 이명박 전 대통령도 문제지만, 곡학아세하면서 한자리씩 꿰찬 학자들에게도 책임이 있다. 그들은 세금을 물속에 수장시키도록 혹세무민했다. 그래서 우리는 스크루 박을 만나 학자적 양심을 내려놓은 이유를 묻고 싶었다. 4대강 사업에 잘못된 논리를 제공한 것에 대한 사과라도 듣고 싶었다.

그는 학자적 양심을 걸고 대답할 책임이 있다. 이명박 전 대통령의 대선 후보 시절에 그는 운하정책 환경자문교수단 단장을 맡았다. 이 후보가 대통령으로 당선된 뒤에는 국립환경과학원 원장을 꿰찼다. 지금도 그는 태연하게 대학 강단에 서서 학생들에게 환경을 가르치고 있다. 강은 망가졌고 천문학적인 세금을 낭비했는데, 지금도 곡학아세한 대가를 누리고 있다. 환경운동연합이 그를 '4대강 찬동인사 S(스페셜)급'으로 선정한 것도 이 같은 이유에서다. 물론 이명박 전 대통령도 그와 같은 S급이다.

세계적인 석학 놈 촘스키는 "지식인의 책무는 진실을 말하는 것"이라며 "아주 자유로운 사회에서도 지식인에게는 이런 책무가 뒤따르지만 자유가 억압받는 사회에서 그 책무에 따른 희생은 실로 엄청날 수 있다"고 말했다. 진실을 말해야 하는 지식인의 책무는 그만큼 무겁다.

[학자적 양심] 나, 안 해!

이날 강의실 문을 잠그기 전에 그와 잠깐 인사를 하긴 했다. 아주 짧은 순간이었다. 얼마 전 인천국제공항에서 본 이명박 전 대통령과의 만남보다 짧았다. 이 전 대통령은 "4대강 사업에 대해 사과할 의향이 있느냐"는 질문에 노려볼 뿐이었지만, 박석순 교수는 외마디소리를 남겼다.

안녕하세요, 오마이뉴스 김병기 기자입니다.

"나, 안 해!"

그는 손사래 치며 강의실로 들어갔고 문은 잠겼다. 한두 마디라도 건질 수 있을 것이라는 예상은 빗나갔다.

당초 시나리오는 이런 게 아니었다. 우리는 이날 오후 7시 출판기념회가 열리는 이대 강의실에서 그가 '나의 환경 인생과 환경 철학'이란 제목의 특별 강연을 한다는 얘기를 듣고 찾아왔다. 강의실로 들어가 대체 그의 환경 철학이 무엇인지 직접 들어보고 싶었지만, 다큐영화 제작을 위해 꾹 참았다. 그가 이 강의를 마치면 문을 열고 나와 20미터 앞에 있는 엘리베이터를 타고 교수실로 가거나 아니면 차를 타려고 바깥으로 향하는 복도를 통과할 것이다.

그를 쫓아가면서 서너 가지 질문을 던질 수 있을 거라고 생각했다. 이를 위해 안정호, 안민식 기자는 1시간 전부터 앞문과 뒷문에서 카메라를 들고 기다렸다. 하지만 안쪽에서 문을 걸어 잠갔고, 그 사이 카메라를 치워달라는 학교 행정실 직원과 10여 분 동안 실랑이를 했다. 낭패였다. 굳게 닫힌 문을 보고 있자니 속이 탔다. 그에게 던지고 싶었던 질문이 있었기 때문이다.

4대강 사업 이후 매년 녹조가 끼고 4급수 지표종 실지렁이와 깔따구가 드글거리고 있습니다. 아직도 4대강 사업으로 4대강을 살렸다고 생각하십니까?

지금도 4대강의 16개 댐을 그대로 두고 배를 띄워 스크루를 돌리면 녹조를 없앨 수 있다고 보십니까?

학자적 양심을 버리고 곡학아세했다는 비판을 받고 있는데요. 왜 4대강 사업에 앞장섰습니까?

4대강 사업과 직접 관련된 것은 아니지만 꼭 하고 싶은 질문이 한 가지 더 있었다.

탄핵 촛불이 한창 타오르던 2016년 12월, 교수님은 페이스북에서 '촛불집회로 대기가 오염된다'고 말씀하셨는데, 실제로 현장에선 촛불보다 휴대폰 액정 화면이나 건전지로 작동되는 LED초를 켠다는 사실을 몰랐습니까?

4대강 사업에 부역할 때도 그러했지만 이쯤 되면 그는 환경공학자가 아니라 '정치공학자'라고 의심해볼 만하다. 자기 말이 4대강을 망치는 데 기여했다는 것은 모르쇠로 일관하고, 1700만 촛불 시민들을 환경파괴자로 모는 듯한 발언을 한 것에 대한 해명을 듣고 싶었다.

그렇다고 이날 〈삽질〉 제작팀이 무작정 강의실로 쳐들어간 것은 아니었다. 그를 찾아가기 전에 제작팀이 전화를 걸었다. 오마이뉴스 기자라고 밝히자마자 그는 이렇게 한마디하고 전화를 일방적으로 끊었다.

"통화 안 하고 싶습니다. 죄송합니다."

며칠 후 학교로 찾아갔다. 출판기념회 특별 강연을 하기 바로 전날이었다. 이날도 강의실 밖에서 2시간 동안 기다렸다. 강의를 마칠 시간이 지났는데도 나오지 않아서 문을 열어보려 했더니 잠겨 있었다. 강의 시간을 잘못 알았거나 결강이었다. 〈삽질〉 제작팀은 하는 수 없이 컴컴한 교정을 빠져나왔다. 차 안에서 10년 전 그와의 마지막 만남을 떠올렸다.

[운하 전도사] 낯 뜨거운 변신

"김 기자님, 전 스크루 박이 아닙니다. 원조가 아니라니까요. 내가 말하기 전에 다른 사람이 먼저 이야기를 했어요."

2007년 10월 한반도 대운하 토론회 자리였다. 그는 이명박 대통령 후보의 제1공약 한반도 대운하가 4대강을 살리고 경제도 살린다는 취지로 발표했다. 토론회가 끝난 뒤 그에게 다가가 인사했더니 대뜸 얼굴부터 붉혔다. 내가 그를 주시하듯 그도 나를 보고 있었다. 이전에 쓴 내 기사에서 자기를 스크루 박이라고 표현한 것에 항의한 것이다.

교수님이 '배를 띄우면 (스크루를 통한 폭기 작용으로) 수질이 좋아진다'고 말씀하신 건 사실이잖아요.

"내가 원조는 아니라니까요. 다른 사람이 먼저 말했어요."

같은 말만 되풀이했다. 길게 끌어봤자 무의미한 토론이었다. 스크루 박이라는 낙인이 싫었던 것이다. 그와 그렇게 헤어졌고, 나는 그 뒤에도 스크루 박이라는 표현을 고집했다. 설령 그가 원조는 아니더라도 기상천외한 '4대강 스크루 정화 이론' 확산에 기여한 공이 크기 때문이다. 4대강 공사를 위해 '고인 물은 썩는다'는 상식마저

뒤엎은 환경공학자로 표현하고 싶었기 때문이다.

그를 찾아간 이유는 더 있다. 2006년 10월 24일 이명박 대통령 후보는 독일 운하 중에서 제일 높은 해발 406미터에 있는 뉘른베르크의 힐폴트슈타인 갑문에 올라가 제1공약 경부운하(한반도 대운하)를 선언했다. 우리 언론들은 검은색 선글라스를 끼고 운하 갑문이 보이는 난간에 기대 있는 유력 대통령 후보 이명박 씨의 사진과 함께 다음과 같은 발언을 큼지막하게 실었다.

"여기에 와보니 경부운하가 꿈이 아니라는 사실을 알게 됐다."

박석순 교수도 2007년 독일 운하를 다녀온 뒤에 말을 바꿨다. 전에는 "인공적으로 한강과 낙동강을 이으면 생태계 교란이 생길 수 있다"(2006년 11월 8일, 동아일보)고 말했다. 하지만 독일을 다녀온 뒤 그는 한나라당의 운하정책 환경자문교수단 단장이 되었고, 자신의 예전 발언과 비슷한 주장을 하던 운하 반대론자들을 향해 "과학적 근거가 없다"고 비판했다.

그의 낯 뜨거운 '대운하 찬가'의 시작이었다. 그는 수많은 토론회에 나가서 '운하 전도사'를 자처했다. 2007년 11월에 국회 환경노동위원회 공청회에 참석해 "운하는 도로와 댐 건설로 인한 환경파괴를 막고 하천 수량 증대와 하상 준설로 수질을 개선하는 효과가 있다"고 주장했다. 이듬해 1월 YTN과의 인터뷰에서도 "하천에 물이 없어서 수질이 나쁘기 때문에 물을 채움으로써 하천 생태계도 살리고 굉장한 수질 개선 효과가 있다"고 말했다.

이를테면 4대강의 물그릇을 크게 키워 오염된 물을 희석시키자는 주장이다. 강물에 많은 물을 흘려보낸다면 이 주장은 어느 정도 타당성이 있을지 모른다. 하지만 16개의 댐으로 가로막혀 썩고 있는 물에 녹조의 원인인 영양물질이 함유된 물을 보태서 가둬둔다면 썩은 물그릇을 더 크게 키우는 격이다. 그의 '물그릇론'은 그럴듯해 보이지만, 전제를 감췄다. 우리에겐 오염된 많은 물이 아니라 맑은 물이 필요했다.

그러다가 2008년 6월 19일 이명박 전 대통령은 '광우병 촛불'에 놀라서 "대선 공약이었던 대운하 사업도 국민이 반대하면 추진하지 않겠다"며 사실상 운하 포기 선언을 했다. 하지만 그때에도 박 교수의 비뚤어진 입은 멈추지 않았다. 그는 다음 날인 20일 CBS 라디오 〈시사자키 정관용입니다〉와의 인터뷰에서 이렇게 말했다.

> (대운하에) 배 5000톤급을 띄우기 위해 하천을 너무 깊이 파고 교량도 많이 개축해야 하니까 그런 문제에 대해 우려하고 있는데, 외국과 같이 배를 1500톤급 정도로 축소하면 반대 여론이 상당히 달라질 것이라고 본다.

한반도 대운하에 대한 국민들의 거센 반발에 한 발짝 물러섰지만, 이 역시도 본질을 왜곡하는 발언이었다. 심지어 수심이 10센티미터인 곳에 배를 띄우기 위해 강바닥을 10미터 깊이로 파고, 한강과 낙동강을 잇기 위해 터널 운하를 만들겠다는 황당한 발상도 문제였지만, 운하에 반대하는 전문가들과 국민들이 가장 크게 반발했던 계획은 운하를 만들기 위해 4대강에 16개 댐을 설치한다는 것이었다. 흐르는 강을 거대한 호수로 만들면 수질 악화가 불 보듯 뻔했기 때문이다.

[곡학아세] 부역자에서 도망자로

4대강 다큐영화 〈삽질〉 제작팀이 그를 만나려고 집요하게 노력한 것은 이런 그의 과거 언행 때문이었다. 그가 강의실 문을 걸어 잠그는 바람에 인터뷰에 실패한 우리는 네 번째 시도에 나섰다. 2017년 12월 18일 서울 인사동에 있는 정규재TV 건물 아래층 카페에서다. 정규재 씨는 탄핵 촛불집회가 한창일 때 박근혜 대통령을 단독 인터뷰한 적이 있다. 하지만 일방적으로 박근혜 전 대통령의 변명만 들어줬다는 비판을 받았다. 박 교수는 이 방송에서 〈진짜 환경 이야기〉를 진행하고 있다.

서울에 폭설이 쏟아졌고 카페 안은 추웠다. 나는 안정호, 안민식 기자와 함께 그날 오전 8시부터 다른 4대강 부역자를 찾아 나서야 하는 오후 5시까지 주차장을 뚫어지게 쳐다보며 기다렸다. 점심도 먹지 못했다. 그는 오지 않았다.

다음 날인 19일에도 오전 8시부터 그를 기다렸다. 이날 오후 4시는 우리가 정한 데드라인이었다. 또 다른 4대강 부역자를 찾아 나서야 했기 때문이다. 결국 4시가 되자 포기하고 철수하려는데 두 기자가 의미심장한 눈짓을 했다. 때마침 스크루 박이 방송 녹화를 마치고 건물 로비에 등장한 것이다. 스마트폰 화면을 보고 있던 그에게 다가가 말을 걸었다.

안녕하세요, 교수님. 그날은 왜 문을 잠그셨어요?

그는 눈을 동그랗게 뜨고 나를 뚫어지게 쳐다보더니 허겁지겁 뛰기 시작했다. 황당했다. 나도 마이크를 들고 뛰었다. 지하 주차장까지 뒤쫓으면서 질문을 던졌다.

아직도 4대강 사업이 잘한 일이라고 생각하십니까?

배를 띄워 스크루를 돌리면 죽은 4대강이 되살아날 것으로 보시나요? 한 말씀만이라도 해주세요.

스크루 박은 이날도 침묵했다. 차에 탄 뒤 주차장을 빠져나가 어디론가 사라졌다. 참담했다. 그가 한때나마 국립환경과학원 원장을 지냈고 지금도 강단에 서서 학생들에게 환경공학을 가르치고 있다는 게 부끄러웠다. 일제강점기 때 친일을 했던 자가 해방된 뒤에 권세와 부귀영화를 누렸듯이 부역한 그도 정부가 주는 연구비 프로젝트를 따면서 승승장구했다.

그날 강의실의 문을 걸어 잠글 주체는 그가 아니라 학생들이어야 했다. 그가 강단에 서지 못하도록 제지할 주체는 대학당국이어야 했다. 영혼을 팔아가면서 고인 물은 썩는다는 상식조차 배반한 그는 미래의 주역인 학생들을 가르칠 자격이 없다. 곡학아세한 그는 비뚤어진 입을 다물어야 한다.

0.1퍼센트도
부끄럽지 않다

—— 4대강 부역자의 사라진 양심

"그럼 경찰을 부르시죠."

내가 말했다. 다른 방법이 없었다. 임무를 완수한 〈삽질〉 제작팀 안민식 기자는 빠른 걸음으로 강남의 한 호텔 행사장 앞 5층 로비를 빠져나가려 했지만, 오케스트라 행사 기획자라고 밝힌 사람이 달려가 안 기자의 외투를 낚아챘다. 안 기자는 바닥에 주저앉아 카메라를 품속에 넣고 필사적으로 방어했다.

"그거 당장 지우세요. 지금 당장 지우라니까요."

그는 거칠게 몰아붙였다. 안 기자가 찍은 영상을 카메라에서 지우라는 요구였다. 나와 안 기자는 순식간에 5~6명에게 둘러싸였다. 호텔 경비원도 달려왔다.

"못 지우겠습니다."

안 기자는 버텼다. 거친 실랑이가 이어졌다. 행사 관계자들이 계속 불어났다. 상황은 갈수록 제작팀에게 불리했다. 이들을 뚫고 빠져나갈 수가 없었다. 내가 경찰을 부르라고 요구한 건 중재자가 필요했기 때문이다.

[정면 돌파] 당장 지워요

"선배, 저 좀 가려주세요."

경찰을 기다리면서 휴전 상태에 돌입했을 때, 안 기자가 나에게 속삭이듯 말했다. 의자에 앉은 안 기자는 가방에서 작은 칩 한 개를 꺼내서 내게 보이며 씨익 웃었다. 내가 가려주면 좀 전에 찍은 영상을 칩에 담은 뒤 그들이 보는 앞에서 카메라의 영상을 지우겠다는 뜻이었다. 나는 휴대폰을 들고 전화를 하면서 안 기자를 가렸다.

"그쪽 상황은 어떠니?"

또 다른 곳에서 카메라를 돌리고 있는 안정호 기자에게 전화를 걸었다. 2017년 12월 18일, 이 날은 이명박 전 대통령의 '트리플 크라운 데이'로 불리는 날의 전야였다. 생일과 결혼기념일, 2007년 대선 승리일인 12월 19일을 기념해 강남구 신사동의 한 식당에서 이 전 대통령과 측근들이 축배를 들던 시각에 우린 이만의 전 환경부 장관을 만나러 왔다가 곤욕을 치르고 있었다. 안정호 기자는 그날 진눈깨비를 맞으며 이 전 대통령의 마지막 만찬이 될지도 모를 장면을 찍고 있었다.

  7~8분 뒤에 정복을 입은 5명의 경찰관이 나타났다. 그때까지 끙끙대는 안민식 기자에게 물었다.

  "다 됐니?"

  "칩이 안 먹네요. 어떡하죠?"

  정면 돌파하는 수밖에 없었다. 행사 주최 측에선 '불법 촬영'이라고 주장했지만 나는 선임으로 보이는 경찰관에게 자초지종을 설명하기 시작했다. 경찰이 내린 결론에 따라 오늘 전투의 승패가 갈리기에 다소 떨렸지만 단호한 어조로 말했다.

  "우린 행사를 방해하지도, 행사장 안에 들어가지도, 행사 장면을 찍지도 않았습니다. 우리는 이만의 전 환경부 장관을 만나러 왔습니다. 4대강 다큐영화를 제작하고 있는데, 세금 22조 원을 들여서 4대강을 망친 사람의 이야기를 들어야 했습니다. 그는 공인입니다. 왜 4대강 사업을 했는지, 책임을 졌던 사람들은 이 사업을 어떻게 평가하는지를 국민들이 알아야 하지 않을까요? 이건 국민 알 권리 차원의 취재입니다."

  경찰은 내 말을 다 들은 뒤에 행사 기획자라고 밝힌 사람에게 "영상을 당장 삭제하라고 요구할 수는 없다"면서 "기사에 문제의 장면이 나온다면 민형사 소송을 하시면 된다"고 말했다. 이 말에 화가 난 기획자는 "어떻게 저 사람들 편을 들어줄 수 있냐"면서 경찰에게 "신분증을 보여달라"고 쏘아붙였다.

  "이제 저희는 가도 되겠죠?"

나는 경찰에게 이 말을 하고 엘리베이터 쪽으로 걸음을 옮겼다. 그 순간 행사 기획자들의 따가운 시선이 등 뒤에서 느껴졌다. 경찰도 같은 엘리베이터에 탔다. 안민식 기자의 이마에선 땀이 마구 흘러내렸다. 확실한 전리품을 챙긴 우리는 얼굴을 마주 보며 말없이 웃었다.

[허탕] 수소문, 그리고 기다림

다큐영화 〈삽질〉 제작을 위해 4대강 부역자들을 찾는 일은 녹록지 않았다. 부역자의 행적을 알 만한 사람에게 수소문하고 인터넷을 뒤져도 연락처를 확보하기 어려웠다. 어렵사리 얻은 전화번호로 연락을 해도 무시당했다. 그들이 나타날 만한 장소에서 몇 시간이고 기다리는 수밖에 없었다. 허탕을 치기 일쑤였다.

이만의 전 환경부 장관 취재도 두 번째 시도였다. 인터넷에서 어렵사리 확인한 시상식 행사가 있었다. 이 전 장관은 전경련 회관에서 열리는 행사에 참석해 축사를 할 예정이었다. 행사 시작 2시간 전에 도착해 '디밀어 인터뷰'의 질문과 작전을 짰다. 행사장 문에서 계단까지의 거리는 30미터쯤이었다. 그 정도면 질문 3~4개는 던질 수 있다. 행사가 끝나면 작전을 개시할 요량으로 기다렸다.

"선배, 오늘 안 온다는데요."

카메라를 숨기고 행사장에 들어갔던 안민식 기자가 나오면서 힘없이 말했다. 결국 그날은 빈 카메라로 돌아왔다. 이 전 장관을 꼭 만나려고 한 이유는 일국의 환경부 수장이었던 그가 4대강을 망치는 데 앞장섰기 때문이다. 그는 이런 어록도 남겼다.

> (4대강) 사업이 잘못되면 내가 책임지겠다. 역사적 심판을 받겠다. -2009년 10월 6일, 국회 환경부 국정감사

> 정부는 4대강 살리기 사업을 통해 날로 악화되는 문제에 근원적으로 대처하고자 한다. 수량 부족, 수질 악화, 생태계 훼손 등 강의 본래 기능을 상실한 4대강부터 그 건강성을 회복하고 홍수와 가뭄에 안전한 하천을 만들겠다. -2009년 3월 21일, 매일경제

그의 손으로 4대강 사업을 완공한 지 6년이 지났다. 4대강에서 물고기가 떼죽음을 당했고 매년 녹조가 더 짙게 창궐했다. 큰빗이끼벌레라는 생명체도 나타났고 지금은 시궁창에 사는 실지렁이와 붉은 깔따구가 강바닥을 점령했다. 그는 자기가 한 일과 말에 대해 책임을 져야 했다. 환경운동연합은 이런 그를 '4대강 찬동인사 S급'으로 선정했다.

[기록] 4대강을 망친 책임

우리는 2차 시도 역시 수포로 돌아가는 게 아닌지 조바심이 났다.

이날 5층 엘리베이터 앞에서 카메라를 숨기고 기다렸지만 그는 나타나지 않았다. 에스컬레이터로 이동하는 사람들까지 주시했지만 그는 없었다. 결국 오케스트라 행사장의 커다란 문이 닫히고 행사가 시작됐다. 그는 이 오케스트라의 단장을 맡고 있었다.

"10분만 더 기다려보자. 안 오면 할 수 없지, 뭐."

안 기자에게 이 말을 하고 또 기다렸다. 잠시 뒤 엘리베이터가 올라와 5층에 섰다. 문이 열리자 3~4명의 무리 속에서 이 전 장관의 모습이 보였다. 마이크를 들고 그에게 다가갔다. 그는 우리의 존재를 의식했지만 아무렇지도 않은 척 데스크에 있던 행사 관계자와 이야기를 나눴다. 나는 기다렸다.

오마이뉴스 김병기 기자입니다. 4대강 사업에 대해 물어볼 말씀이 있어서 이곳에서 기다렸습니다.

내 말이 끝나기가 무섭게 그는 손사래를 치면서 말했다.

"저는 이야기 안 하고 싶습니다."

그는 나를 외면하면서 행사장 문을 열었다. 옆에 있던 행사 관계자도 카메라를 막아섰다. 마지막 질문을 던져야 했다.

지금도 4대강 사업을 한 것에 대해 0.1퍼센트도 부끄럽지 않다고 생각하시나요?

"예. 예. 전혀요."

그는 단호하게 말했다. 오케스트라 행사장으로 들어서는 그에게 마지막으로 다시 물었다.

4대강 사업에 대해 한 말씀만 해주고 들어가시죠.

"부끄럽지 않다고요."

외마디소리를 남기고 그는 오케스트라 단원들이 모인 행사장으로 들어갔다. 그 말을 듣는 순간, 이명박 전 대통령이 2015년에 펴낸 자화자찬 자서전 《대통령의 시간》의 서문 가운데 한 구절이 떠올랐다. "머지않아 우리 4대강이 되살아나 맑은 물이 가득 차 흐르는 것을 바라보면서 보람을 느끼게 될 것임을 확신한다."

이만의 전 환경부 장관은 MB 아바타였다. 아직도 4대강 사업을 한 것이 자랑스럽다고 생각하는 그는 법적 심판뿐만 아니라 역사적 심판도 받아야 한다.

그날 안 기자가 카메라 칩을 보호하려 했던 이유는 기록하기 위해서였다. 22조 원을 강에 쏟아부은 부역자가 호의호식하는 모습을 국민에게 알려야 했다. 4대강을 되살리는 것도 중요하지만, 부역자들이 지난 10년간 4대강에 무슨 일을 벌였는지를 샅샅이 기록해야 했다. 이렇게 역사에 남기는 것이 또 다른 재앙을 막는 길이라고 생각했기 때문이다.

수심 6미터의 비밀

── 사기극의 결정적 증거

"비켜요!"

그는 자기를 찍는 카메라를 향해 이 한마디만 남긴 채 차 문을 닫고 주차장을 빠져나갔다. 김철문 전 청와대 행정관(현재 모 건설업체 부사장)은 경북 포항 동지상고 출신으로 이명박 정권 시절 부산국토관리청 하천국장으로 일하면서 4대강 사업에 앞장선 인물이다. 몇 차례 전화 인터뷰 요청을 거절당하고 일주일 동안 그의 자택과 사무실 앞에서 뻗치기를 해온 4대강 다큐영화 〈삽질〉 제작팀은 허탈했다.

"난 카메라 든 사람은 안 만나!"

4대강 사업을 진두지휘한 정종환 전 국토해양부 장관. 그 또한 우리를 보자마자 자택 현관문을 거칠게 닫아버렸다. 취재진의 전화를 한 번도 받지 않은 그였다. 직접 만난 그는 "4대강 사업은 잊었다" "당신들 맘대로 쓰라"면서 얼굴을 붉혔다. 〈삽질〉 제작팀은 지난 1년 동안 예닐곱 번의 시도 끝에 5초간 모습을 드러낸 그의 얼굴만 겨우 주워 담을 수 있었다.

두 사람은 카메라를 내쳤지만 제작팀에게 보인 불쾌한 표정 자체가 말이었고 뜻이었다. 4대강 사업에 대해 떠올리거나 기록하고 싶지 않았던 것이다. 제작팀은 이들의 말을 직접 카메라에 담을 수 없었지만, 국토부 비밀 문건 속에는 이들의 목소리가 들어 있었다.

2013년 4대강 사업을 감사했던 감사원은 국토부 공무원들의 PC를 뒤졌다. 짐작대로였다. 4대강 사업 문건은 지워지고 없었다. 그러다가 한 조사관의 눈에 띈 PC가 있었다. 질병으로 사망한 한 국토부 서기관의 컴퓨터였다. 주인 잃은 PC를 봉인해서 감사원으로 가져온 조사관들은 샅샅이 뒤졌다. 그 속에서 그동안 숨겨왔던 4대강 비밀 문건이 쏟아졌다.

망자의 PC에서 발견된 문건에는 'VIP 지시사항', 즉 당시 이명박 대통령의 지시가 적혀 있었다. VIP는 한반도 대운하 사업을 포기한다는 대국민 약속을 했지만 속내는 달랐다. 국토부 공무원들은 수심 2~3미터를 파자고 제안했지만, VIP는 이를 묵살하고 수심 6미터만을 고집했다. 한반도 대운하 설계도에 명시된 수심이었다.

당시 정부는 4대강 살리기 사업이 실제로는 '4대강 죽이기 사업'이라는 것도 알고 있었다. 4대강 사업으로 댐(보)을 세운다면 물이 정체돼 수질이 악화될 것이라는 보고서도 발견됐다. 4대강 사업 반대론자들이 펼쳤던 주장과 일치했다. 하지만 공무원들은 '대통령의 통치 행위' 앞에 감히 이런 의견을 내세우지 못했다.

그들이 예상했듯이 4대강은 망가지고 막대한 세금도 낭비되었지만, 이를 책임진 공무원은 한 명도 없었다. 당시 VIP를 육탄 방어했던 4대강 사업 부역 학자들은 여전히 승승장구하면서 교단에 올라 학생들을 가르치고 있다. 문건에 등장한 VIP도 11억 원의 뇌물 혐의 등으로 법의 심판을 받고 있지만, 4대강 사업으로 인한 죗값은 한 푼도 받지 않고 있다.

[문건 1] 수심 5~6미터로 굴착하라

한 장의 문건이 있다. 2008년 12월 2일 청와대 이명박 대통령 집무실에서 열린 회의 결과를 정리한 국토부 문건이다. 국가균형발전위원회 위원장과 6개 부처 실국장이 참석한 자리에서 이명박 대통령은 "4대강 가장 깊은 곳의 수심이 5~6미터가 되도록 굴착하라"고 직접 지시했다. 그는 왜 전문가들에게 맡기면 될 수심까지 직접 '통치 영역'으로 끌어들이려 했던 것일까?

이유는 명확하다. 이 수치는 공교롭게도 한반도 대운하 설계도의 수심과 일치했다. 6개월 전인 2008년 6월 광우병 촛불에 굴복하면서 한반도 대운하 공약을 포기하겠다고 말한 것이 거짓이었음을 입증하는 문건이다. 하지만 그 뒤에도 정치인과 고위 관료들은 4대강 사업은 운하 사업과 무관하다고 부인을 했다.

4대강 살리기 사업은 아직도 운하 운운하면서 연계시키려고 하는 분들이 있고……. -2009년 10월 6일, 국회 환경부 국정감사, 이만의 환경부 장관

몇 번 말씀드립니다만 4대강 사업은 운하와 관계가 없습니다.
　-2010년 10월 7일, 국회 수자원공사 국정감사, 김건호 수자원공사 사장

분명히 대통령께서 운하를 안 한다고 하셨습니다. 여러 가지 물리적인 여건으로 봤을 때 지금 우리 4대강 사업에 운하가 될 수 있는 사업들이 없습니다. 이 사업은 운하가 아니라는 것을 분명히 말씀드립니다. -2010년 10월 11일, 국회 국토부 국정감사, 정종환 국토부 장관

모두 거짓이었다. 이명박 정권 시절에 정종환 국토부 장관은 카메라 앞에 서서 당당하게 말했지만, 8년이 흐른 2018년 10월 17일에는 "카메라 든 사람은 안 만난다"며 기자들을 내쳤다.

[문건 2] 분위기 성숙되면 대운하 추진

운하를 포기했다는 MB의 공언을 문건 한 장만 가지고 거짓으로 단정하기는 어려울지도 모른다. 하지만 또 다른 문건도 있다. 이로

부터 두 달 뒤인 2009년 2월 9일, 4대강 살리기 기획단은 청와대 회의실에 모였다. 4대강 살리기 마스터플랜을 수립하기 위해 주요 쟁점 사항을 논의해 그 결과를 한 장의 문건으로 정리했다. 이 자리에 당시 김철문 청와대 행정관도 배석했다.

이 문건에서 눈길을 끄는 건 '대운하 설계팀'의 등장이다. 한반도 대운하 사업에 민간 자본을 유치할 목적으로 구성한 대운하 컨소시엄도 참여해 VIP에게 보고할 내용을 수립하라는 결정이었다. 사실 대운하 컨소시엄은 이명박 씨가 한반도 대운하를 포기하면서 효력을 상실한 조직이다. 민간 자본이 아니라 세금을 투입하는 국가 재정사업으로 바뀌었기 때문이다. 대운하 컨소시엄을 협의 테이블에 끼운 것은 운하를 포기하지 않았다는 방증이었다.

이명박 정권 인수위 시절 한반도 대운하 태스크포스(TF, 특별전담조직) 팀장을 지냈던 장석효 씨는 2018년 11월 29일 오마이뉴스와 만난 자리에서 "당시 기획단에서 부르면 대운하팀의 일원으로서 논의 테이블에 갔었다"고 이를 시인했다.

나흘 뒤인 2009년 2월 13일 청와대에서 대통령실과 총리실의 업무협의 회의가 열렸다. 4대강 수심에 대한 논의였다. 이때 논의 테이블에 오른 국토부 안은 최소 수심 2.5~3미터, 대운하 컨소시엄 측의 한반도 대운하 안은 최소 수심 6.1미터였다.

당시 박재완 국정기획수석과 오정규 국책비서관, 국무총리실 박영준 국무차장은 모두 국토부 안에 손을 들었다. 이때 이명박 정권의 실세로 평가받으며 '왕차관'으로 불렸던 박영준 국무차장은 이런 단서를 달았다.

"분위기가 성숙되면 대운하 안으로 추진."

[문건 3] 4대강 수심에 집착한 이유

사흘이 지난 2009년 2월 16일, 4대강 살리기 기획단은 보고서를 작성해 VIP에게 보고했다. 보고서의 골자는 "최소 수심을 6미터로 할 경우(대부분 대운하 추진으로 생각) 정부에 대한 신뢰도 저하는 물론 당장 반대 측에 공세의 빌미를 제공할 가능성이 높다"면서 "우선은 기획단 안(최소 수심 2.5~3미터)으로 추진하고 향후 여건이 조성되면 별도 사업으로 운하를 추진하는 게 바람직하다"는 의견이었다.

당시 4대강 살리기 기획단은 보고 문서의 별첨 자료로 '(대운하팀과 기획단의) 안별 비교' 표를 붙였다. 이 표의 하단에는 두 안 모두 "4대강 살리기 사업의 궁극적인 목적은 동일"하다면서, '대운하'는 대운하팀 안의 '하이 키(High key)'이며 기획단 안의 '로 키(Low key)'라고 적혀 있었다. 여기서 하이 키는 공개적으로 운하 사업이라는 것을 홍보하면서 추진한다는 의미고, 로 키는 홍보하지 않고 은밀하게 운하를 추진한다는 뜻이다. 대운하팀은 드러내놓고 대운하를 추진하자고 했고, 기획단은 대운하를 몰래 추진하자고 주장한 것이다.

4대강 살리기 기획단은 이날 오후 4시 30분경부터 40분 동안 청와대에서 이명박 전 대통령이 참석한 가운데 이 문건을 보고했다.

국토부는 당시 보고 결과를 한 장의 문건으로 정리했다.

VIP 지시사항의 첫 번째 항목은 역시 수심이었다. 대운하팀에서 요구하는 수심 6.1미터보다는 깊지 않았지만 "수심 3~4미터 수준으로 추진하라"고 지시했다. 하지만 몇 달 뒤인 4월 8일 4대강 살리기 기획단이 만든 '4대강 살리기 추진현황 보고'라는 제목의 문건에는 대운하팀 측의 당초 요구대로 평균 수심 6미터 이상을 목표로 "암반 굴착 없는 한도 내 최대 굴착"을 한다고 적시했다. 또한 "보 위치, 준설 등은 추후 운하 추진에 지장이 없도록 계획"한다고 명시했다.

이명박 씨는 왜 그토록 4대강의 수심에 집착했던 것일까? 당시 이명박 정부는 입에 침이 마르도록 4대강 사업은 운하 사업이 아니라고 부인했지만, '죽은 자의 문건' 속 진실은 달랐다.

[증언] 4대강의 죽음을 알고 있었다

그렇다면 이명박 정부는 4대강 사업을 통해 강의 수질을 맑게 한다는 자기들의 주장을 확신하고 있었던 것일까? 그렇지 않았다. 강이 죽든 살든, 4대강 사업의 목적은 오로지 수심 6미터를 파고 보를 설치하는 데 있었다.

2009년 4월 8일 국토해양부 4대강 살리기 기획단이 만든 문건 '4대강 살리기 추진현황 보고'를 다시 살펴보자. 이 문건에 나와 있는

'그들의 우려'는 4대강 사업을 완공한 지 6년이 흐른 지금 4대강에서 벌어진 환경파괴 상황을 기막히게 예언하고 있다.

"준설로 물그릇은 증가하나 보는 연중 일정 수심을 유지해야 하므로 실질적인 수자원 확보 효과는 없음."

"보는 중하류의 깨끗하지 못한 물을 저류함에 따라 상수원으로 활용 곤란. 특히 중하류는 대도시, 공단 등의 오염수가 지속적으로 유입되어 물 순환이 없을 경우 수질 악화가 우려."

그들도 국민 세금 22조 원을 쏟아붓는 4대강 사업이 황당한 일이라는 것과 "운하를 포기했다"는 이명박 씨의 말이 거짓이라는 것을 알고 있었다.

〈삽질〉 제작팀의 인터뷰 요청을 거부한 정종환 전 국토부 장관은 망자가 자기 PC에 이 문건을 기록할 당시 주무 장관이었다. 김철문 전 청와대 행정관도 당시 회의에 참석했으며 한강홍수통제소의 비밀 TF팀에도 참여했다. 그는 부산국토관리청 하천국장으로 발령이 나서 4대강 공사 중 가장 규모가 컸던 낙동강 구간 사업을 발주하는 등 현장에서 진두지휘를 했다.

두 사람은 4대강 사업의 진실을 캐는 카메라 앞에서 입을 다물었지만, 망자의 문건은 '4대강 사업 사기극'을 적나라하게 증언하고 있었다. 당시 한강홍수통제소의 4대강 사업 비밀 TF에 참여했던 국책연구원 관계자와 정부 관료는 각각 〈삽질〉 제작팀에 다음과 같이 증언했다.

"김철문 씨가 와서 6미터를 파라고 했습니다. 하지만 6미터를 파면 운하라는 게 너무나 명확하기 때문에 못 한다고 그랬죠. 하지만 김 행정관은 청와대 지시사항이라면서 계속 6미터를 파라고 했습니다. (중략) 당시 청와대와 정부 사람들이 나에게 '대운하 아닌 대운하'를 하래요. 그러니까 그들도 뻔히 알고 있었던 거죠."

"한반도 대운하를 안 한다고 했으니까 수심 6미터를 팔 이유가 없었죠. 나는 수심 2미터만 파도 된다고 주장했는데, 청와대는 수심 6미터를 파고 나중에 필요하면 갑문과 터미널을 설치하면 된다고 하더군요. 내가 그렇게는 못 하겠다고 하니까, 정종환 장관이 나를 불러서 '당신은 바쁘니까 이 일(4대강 사업)에서 손을 떼라'고 하더군요."

1부

삽질
22조짜리 대국민 사기극

2부

추격
죽이는 자와 살리는 자

3부

검은 강
탐욕의 소용돌이에 맞서다

4부

지키는 자
4대강 현장, 그 12년의 저항과 기록

5부

흐르는 강을 위하여
민주주의의 귀환

27미터 교각 위의 외침

—— 4대강 사업을 중단하라

"본인 허락도 안 받고…… 오마이뉴스가 왜 이렇게 무례하게 됐나? 내가 공인인데, 카메라를 이렇게 들이대면 어떡합니까?"

사실 우리도 이런 식으로 카메라를 들이대고 싶지 않았다. 잠깐만 시간을 내어달라는 나의 인터뷰 요청을 그가 번번이 뿌리치지만 않았다면 말이다. 세 번째로 인터뷰를 시도한 곳은 그의 집 앞이었다. 집 앞에서 무작정 기다리자니 그의 말처럼 무례한 일인 것 같아 골목길 가로등 밑에서 전화를 걸었다. 그의 대답은 또 거절이었다.

"오마이뉴스는 이제 4대강 그만 우려먹지? 이명박, 박근혜 정권 때 그렇게 우려먹었잖아. 난 이제 할 말이 없어. 그러지 말고 자전거나 한번 탑시다."

2018년 2월 8일 서울 광화문에 있는 늘푸른한국당 당사 앞에서 4

차 시도를 했다. "당사 앞에 와 있으니 잠깐이라도 만나달라"고 요청했지만 그는 "다른 곳에 있다"며 거절했다. 곧바로 당사 사무실이 있는 23층으로 올라갔다. 복도 끝에서 전화 통화를 하고 있는 그를 발견했다. 4대강 다큐멘터리영화 〈삽질〉 제작팀은 엘리베이터 앞에서 그의 통화가 끝나기를 기다렸다.

여기서 '그'는 2018년 1월 16일 CBS 라디오 〈시사자키 정관용입니다〉에서 "이명박 전 대통령을 잡아가려고 하면 전쟁이다"라고 목소리를 높인 이재오 늘푸른한국당 전 공동대표다. 다스(DAS)를 수사하는 검찰 칼끝이 이명박 전 대통령을 정조준하자, 그는 적극적으로 언론에 나와 육탄 방어를 하는 중이었다. 직원들과 함께 점심을 먹으러 나오던 이 대표는 우리를 보자 표정이 싸늘하게 식었다.

[추격] '경부운하 전도사'의 자전거

2007년에도 이 전 대표의 얼굴에 허락 없이 카메라를 들이민 적이 있다. 이명박 대통령 후보의 지지도는 50퍼센트에 육박했지만, 제1공약이었던 경부운하 찬성 여론은 20퍼센트대 늪에서 허우적댈 때였다. 당시 한나라당 최고위원이었던 그는 2007년 9월 22일부터 '한반도 큰 물결 자전거 탐방' 간판을 내걸고 4박 5일 동안 560킬로미터를 달렸다. 부산 을숙도에서 시작해 한강까지 질주하면서 경부운하를 홍보했다.

오마이뉴스는 이재오 최고위원 사무실에 동행취재를 요청했다. 하지만 그들은 정색하면서 "오지 말라"고 했다. 그래도 무작정 들이댔다. 유력 대선 후보의 공약은 현실화될 가능성이 높았고 이를 검증하는 것이 언론의 역할이다. 우리는 추석 연휴를 반납하고 그들을 추격했다.

부산 을숙도에서 시작된 취재는 개고생이었다. 취재팀은 비를 맞으며 자전거 페달을 밟았고 휴대폰 문자로 기사를 송고했다. 새벽까지 기사를 쓰고 영상을 다듬었다. 하루 2~3시간밖에 못 자는 강행군이었다. 만신창이의 몸으로 시골 모텔의 따뜻한 욕조에 들어갔다가 깜박 잠이 들어 차갑게 식은 물속에서 깨기도 했다. 사타구니가 쓸려서 자전거 안장만 봐도 치가 떨릴 즈음에는 기저귀를 차고 페달을 돌렸다. 이재오 일행이 오마이뉴스의 '헝그리 정신'을 치켜세울 정도였다.

자전거 추격 이틀째 되던 날, 대구 달성군 도동서원 위쪽은 가파른 비포장 길이었다. '쫄바지'에 붉은 헬멧을 쓴 이재오 최고위원은 노익장을 과시하며 해발 250미터 높이의 다람재에 올랐다. 고개 정상의 정자에 오르니 도동서원을 끼고 유장하게 흐르는 낙동강의 모습이 보였다. 이 최고위원은 호기에 찬 목소리로 말했다.

"저기, 경부운하를 타고 물길을 거슬러 올라오는 바지선이 보인다. 정말 장관이야."

실제 바지선이 나타난 게 아니라 경부운하 공약이 실현됐을 때를 상상해서 한 말이었다. 다람재에서 내려와 자전거를 타고 낙동강변을 질주하던 이 최고위원을 따라붙었다. 페달을 밟던 그가 내게 말했다.

"낙동강은 버려진 강이야. 왜 이런 엄청난 강을 그냥 버려두고 놀게 하는지 모르겠어. 저기 바지선 보이지? 지금도 모래를 채취하고 있는데, 왜 우리가 경부운하 건설을 위해 모래를 파낸다고 하면 환경파괴라고 비판하는지……. 빨리 낙동강을 인간적으로 만들어야 해!"

석 달 뒤 이명박 후보는 대통령에 당선됐다. 이명박 대통령은 한반도 대운하의 명칭을 '4대강 살리기 사업'으로 바꿔서 다람재 아래쪽의 강바닥도 팠다. '버려진 강'에 바지선을 띄울 수 있는 수심 6미터를 확보했다. 그때 이재오 전 대표는 청와대로 들어가 대통령 특임장관을 지냈다. 배만 띄우지 않았을 뿐 이 전 대표의 소망이 절반 이상 실현된 셈이다.

4대강 사업 반대 여론이 잦아들지 않자 이재오 전 대표는 자기 묘비석에 "4대강 잘했다"라고 써달라고 말할 정도로 '4대강 사업 전도사'를 자처했다. 4대강 사업을 "천지개벽, 상전벽해"라고 치켜세우기도 했다. 그때마다 자전거 위에서 허벅지를 탁탁 치면서 "이 정도는 해야 국민들이 우리를 믿고 정권을 맡기지 않겠어?"라고 말하며 호탕하게 웃던 그의 기름진 얼굴이 떠올랐다.

[탄압] 압수수색, 거짓 수사

이재오 전 대표의 자전거는 멈췄지만 오마이뉴스의 추격전은 계속됐다. 2013년 4대강 사업이 완공된 뒤에도 매년 탐사취재단을 꾸려 다람재에 올랐다. 비포장 길은 왕복 2차선 아스팔트 길로 바뀌었다. 이 전 대표와 함께 바라보았던 도동서원 앞의 도도한 강물은 합천 창녕보에 가로막혀 흐름을 멈췄다. 이 전 대표는 '인간적'인 낙동강을 희망했지만 도동나루터는 비인간적인 강으로 변했다.

2015년 8월 오마이뉴스 4대강 독립군 탐사보도팀이 도동나루터에 갔을 때였다. 고기잡이를 그만둔 늙은 어부는 수자원공사에 고용돼 녹조 제거 작업을 벌였다. 수십 년 동안 가족의 생계를 책임졌을 낡은 배의 스크루를 돌릴 때마다 녹색 물보라가 일었다.

이런 낙동강의 변화된 모습을 누구보다 안타까워하는 사람이 있다. 오마이뉴스와 함께 이재오 추격전에 나섰던 염형철 전 환경운동연합 사무총장이다. 그는 10년 전처럼 '고난의 라이딩'을 계속했다. 염 전 총장이 사령탑을 맡았던 환경운동연합은 이재오 전 대표를 '4대강 찬동인사 S급'으로 발표했다. 다큐영화 〈삽질〉 제작팀은 2017년 11월 30일 그를 만났다.

"2008년 9월, 이재오 추격전이 끝나고 1년 뒤였죠. 이명박 대통령이 광우병 사태를 사과하면서 대운하 포기 선언을 하고 2~3개월 흘렀을 때였습니다. 제가 출근했는데 양복 입은 사람들이 사무실 앞에 잔뜩 와 있더군요. 검사와 수사관들이었습니다. 변호사 자문을 구한 뒤에 그들을 사무실로 들였습니다. 50박스가 넘는 자료를 싹 털어 갔죠. 이게 환경운동연합 역사에서 가장 아픈 장면이 될 줄은 몰랐습니다."

시민사회단체의 압수수색은 헌정 사상 최초였다. MB 정부가 한반도 대운하를 '4대강 살리기 사업'으로 이름만 바꿔서 추진할 때였다. 당시 환경운동연합 고문이었던 최열 환경재단 이사장을 옥죄기 위한 청와대 하명 수사였다는 의혹이 제기됐다.

"검찰은 압수수색한 자료를 왜곡하고 짜깁기해서 언론에 흘렸습니다. 우리 조직은 만신창이가 됐습니다. 생계비 정도의 월급을 받으면서도 자부심 하나로 버텼는데, 그게 무너진 거죠. 활동가들은 자괴감에 휩싸였습니다. 책임지겠다면서 대부분 그만뒀고 중앙 환경운동연합은 붕괴되다시피 했습니다. 한반도 대운하, 4대강 사업에 대한 싸움도 급격하게 약화됐죠."

당시 대부분의 언론들은 검찰이 흘린 정보를 활용해 환경운동연합을 파렴치한 단체로 몰아붙였다. 시민들의 후원금을 횡령했다는 거짓 정보였다. 하지만 검찰의 대대적인 토끼몰이 수사에서 나온 결과는 허탈했다.

"산림청에서 지원을 받았던 2003년 어린이 뮤지컬 사업에 대한 회계 처리가 미흡하다는 것, 이거 한 건이었어요."

[고공농성] 41일간의 고립무원

염 전 총장은 2년 뒤인 2010년 8월 22일 새벽에 배낭을 메고 경기도 여주 이포보에 올랐다.

"환경운동연합은 검찰 수사로 쑥대밭이 된 상태였죠. 맨몸뚱이로 버티는 것 말고는 할 것이 없었습니다. 4대강 공사는 엄청난 속도로 진행됐고, 이를 비판하는 언론도 거의 없었으니까요."

4대강 예산이 국회에서 날치기로 통과된 뒤 MB 정부가 불도저처럼 공사를 강행할 때였다. 염 총장은 박평수, 장동빈 씨 등 2명의 지역 환경운동연합 간부와 함께 고공농성을 시작했다. 이들은 천둥과 번개가 치고 뙤약볕이 내리쬐는 27미터 교각 위에서 '국민의 소리를 들으라'는 대형 현수막을 내걸고 4대강 사업 중단을 요구하며 버텼다.

교각 공사는 잠시 중단됐지만 아래쪽은 철근이 삐쭉하게 튀어나온 상태였다. 그곳을 내려다볼 때마다 아찔했다. 교각에 올라간 지 보름 정도 지나자 먹을 것도 떨어졌다. 사실상 고공 단식농성이었다. 언론들이 침묵하는 상황에서 휴대폰을 이용해 SNS와 오마이뉴스에 보내는 '농성 일기'로 4대강 사업 비판을 이어갔는데 수동식으로 만든 전기 충전기마저 고장 났다. 고립무원 상태였다.

"대부분의 언론은 4대강 사업에 눈을 감았죠. 22조 원이나 들이는 큰 사업인데 검증도 하지 않았습니다. 4대강 시설의 안정성 부족이나 생태계에 끼치는 악영향 등의 우려가 제기됐는데, 보도하지 않았습니다. 제 SNS로는 역부족이었죠. 언론이 제 역할을 했다면 황당한 사업이 추진될 수 있었을까요?"

그가 최후의 보루로 선택한 고공농성이었지만, MB 정부는 아랑곳하지 않았다. 그 뒤에도 국가권력을 총동원해서 군사작전을 벌이듯이 4대강 사업을 밀어붙였다. 농성자들의 건강은 갈수록 악화됐다. 고공농성 41일째 되던 날, 그는 사회 원로들의 간곡한 요청에 따라 이포보를 내려와야 했다.

[거짓말] 버려진 강? 놀고 있는 강?

2007년 이재오 당시 한나라당 최고위원은 낙동강을 버려진 강, 놀고 있는 강이라고 말했다. 염 전 총장의 생각은 달랐다.

"낙동강은 1300만 명의 영남인들이 식수원으로 사용하는 강이죠. 그 경제적 가치는 헤아릴 수조차 없어요. 그런데 이런 낙동강이 죽어가고 있습니다. 4대강 사업을 하고 나서 이재오 전 대표의 말처럼 버려진 강으로 변하고 말았습니다."

염 전 총장의 말처럼 지금 낙동강에는 공업용수로도 쓸 수 없는 최악 수질을 뜻하는 4급수의 지표종인 붉은 깔따구와 실지렁이가 창궐하고 있다.

"수돗물을 직접 먹는 국민은 2~3퍼센트에 불과합니다. 간접적으로 끓여서 먹는 물까지 합치더라도 30퍼센트 정도입니다. 나머지는 생수와 정수기 물을 씁니다. 정수기 사용량이 40퍼센트인 나라는 전 세계에 우리나라밖에 없죠. 생스 시장이 우리처럼 급격하게 확대된 곳도 없습니다. 수돗물 원수에 대한 불신 때문입니다. 4대강 사업으로 인한 원수 악화가 부지불식간에 국민들의 머릿속에 각인된 거죠. 여기에 소요되는 막대한 비용은 모두 국민의 호주머니에서 나옵니다."

4대강 사업 때 쓴 세금 22조 원을 제외하더라도 4대강 사업 유지보수에 들어가는 세금도 많다. 4대강 공사 때 천연 습지와 농지를 불도저로 밀어버리고 만든 130여 개 수변공원의 잡초를 뽑는 데에도 수백억 원이 든다. 대부분 사람들이 접근하기 어려운 곳에 지어진 '유령 공원'들이다.

부실하게 시공한 16개 댐의 잦은 누수 현상을 수습하고, 유실된 바닥보호공을 보수하는 작업에도 막대한 세금이 들어간다. 이 밖에 녹조 수거 작업 등을 포함하면 매년 6000억 원에서 1조 원에 이르는 세금이 4대강 사업 유지관리 비용으로 들어간다.

"MB 정부는 이전에도 4대강 관리에 들어가는 비용이 매년 5~7조 원이라고 했습니다. 그런데 4대강 사업을 해서 22조 원을 한꺼번에 투입하면 그 뒤에는 들어갈 돈이 없다고 했죠. 하지만 예산은 줄지 않았습니다. 4대강 댐과 공원 등의 유지관리 비용이 추가됐죠. 4대강 사업 때 수자원공사에서 8조 원을 끌어다 썼는데, 이자만 해도 매년 국민 세금 3800억 원을 쓰고 있습니다. 국민들은 MB의 거짓말에 속았습니다."

문재인 정부는 2017년 6월 1일부터 4대강 수문을 일시 개방해 모니터링하고 있다. 수문을 일정 기간 동안 완전 개방하거나 수문을 약간 낮춰 수위를 내리면서 녹조 저감 효과와 수질 상태, 주변 생태계와 농업용수 등에 미치는 영향 등을 파악하고 있다. 정부는 지속적인 모니터링 결과를 종합해서 4대강 보의 처리 방안을 최종 결정할 예정이다. 만약 수문을 완전 개방한다든가 16개 댐을 해체하기로 결정한다면, 저 22조 원의 세금은 수장됐다고 해도 과언이 아니다. 누군가는 이 일을 책임져야 한다.

[비극] 4대강은 썩었다

　　2007년 9월 25일 추석날 저녁이었다. 오마이뉴스 취재팀은 경기도 여주의 한 마을회관에 이부자리를 펴고 이재오 당시 한나라당 최고위원을 인터뷰했다. 염형철 환경운동연합 사무총장도 함께였다. 우리는 이 최고위원에게 자전거를 타고 경부운하 홍보에 나선 이유를 물었다.

　　"경부운하는 이명박 후보의 주 공약입니다. 명색이 내가 이 후보 경선 캠프를 책임지고 있던 사람 아닙니까. 이 후보의 주된 공약을 직접 몸으로 봐야겠다고 생각했죠. 그래서 누군가 경부운하에 대해서 물으면 자신 있게 말하고 싶었습니다. (중략) 경부운하를 통해 부산에서 서울까지 국토 전반을 한번 손질하는 게 좋겠습니다. 큰 물

줄기로 이어지는 지천, 샛강들이 어느 하나 깨끗한 게 없어요. 전부 더럽거나 풀이 우거져 있죠. 이걸 다 한번 손질해야 합니다. 그것을 통해서 나라의 기운을 다시 한번 일으킬 필요가 있습니다. 나는 정치인으로서 국토를 리모델링할 필요가 있다고 봅니다."

10년이 넘게 흘렀다. 이재오 전 대표는 이명박 전 대통령과 함께 추진했던 국토 리모델링 사업에 대해 침묵했다. 공인이기에 더욱더 책임 있는 말을 해야 했지만 그는 〈삽질〉 제작팀의 카메라를 '공인에 대한 무례함'이라고 말하며 내쳤다. 자전거 페달을 밟으며 손으로 허벅지를 치면서 버려진 강을 살리고 국운을 융성시키겠다고 말하던 과거의 당당함은 없었다.

염형철 전 사무총장은 2017년 11월에 17일간 한강을 도보로 답사했다. 2018년 2월에는 자연형 하천으로 복원된 독일 뮌헨의 이자르강을 자전거로 답사했다. 2018년 2월 말 사무총장 임기를 마친 그는 본격적으로 한강 복원 운동을 벌이고 있다. 염 전 사무총장에게 4대강의 대안을 물었더니 적폐청산이 강 복원 작업만큼 중요하다고 말했다.

"2007년 이재오 의원에게 말한 것처럼 경부운하의 변종인 4대강 사업은 백해무익했다는 게 확인됐어요. 이명박 전 대통령과 이재오 전 대표, 자유한국당은 지금도 감사원의 4대강 감사를 정치보복이라고 주장하죠. 하지만 이런 일이 재연되지 않도록 철저하게 조사해서 책임자를 처벌하는 것이 4대강 사업을 청산하는 첫 번째 대안입니다. 그리고 문재인 정부는 선거 때 약속했던 대로 4대강 복원에 대한 분명한 의지를 갖고 실행해야겠죠."

무례하다는 것은 태도나 말에 예의가 없다는 뜻이다. 이재오 전 대표는 그날 오마이뉴스를 향해 "무례하다"고 말하면서 얼굴을 붉혔다. 하지만 4대강 사업이야말로 '무례한 사업'이었다. 한반도 대운하를 포기하겠다고 하면서 그 변종인 4대강 사업을 밀어붙였다. 국민 70~80퍼센트가 반대하는 사업이었다. 이에 반대하면 '빨갱이' '종북' 세력으로 덧칠했다. 이에 찬성하거나 부역하면 훈포장을 줬다. 막대한 혈세를 썼지만 4대강은 썩었다.

청와대 하명 사건의 진실

—— 정치공작과 짜 맞추기 수사

"질문하지 말라는 게 앞뒤가 맞나요?"

"성명 발표하니까 기자를 부르신 거 맞잖아요. 그런데 왜 질문을 못 하게 합니까?"

2018년 1월 17일 오후 5시 서울 삼성동에 위치한 이명박 전 대통령 사무실 건물 앞에서 진을 치고 있던 70여 명의 기자 중 한 명이 큰 소리로 항의했다. 이 전 대통령 측 인사가 나와서 기자들에게 질문을 하지 말라고 요구했기 때문이다. 기자회견을 마치고 나서 차량에 탑승하고 나갈 때도 근접 촬영은 자제해달라고 요청했다.

그뿐만이 아니었다. 이날 기자들을 부른 건 이 전 대통령 측이었지만 기자회견장에는 4~5명의 풀(pool) 취재단만 들였다. 언론사 기자들은 어쩔 수 없이 건물 밖에서 가위바위보로 풀 단을 정했다.

이 전 대통령은 일방적으로 3분 동안 회견문을 낭독한 뒤 질문도 받지 않았다. 5년 전에 퇴임한 전직 '불통 대통령'이 기자회견에서 남긴 말의 주요 키워드는 이랬다.

'정치보복' '정치공작' '짜 맞추기 수사'.

이 전 대통령이 하지도 않은 일을 검찰이 의도적으로 사실인 양 꾸미려는 것이라면 그의 주장은 맞다. 하지만 국정원 특활비 상납은 그의 측근 입에서 나왔다. 그가 다스 실소유주라는 진술도 쏟아졌다.

이게 사실이 아니라면, 이날 기자들의 질문을 막을 것이 아니라 정치공작의 전모를 밝혔어야 한다. 하지만 이날 회견에는 사실은 없고 수사(修辭)만 있었다. 진실은 없고 정략만 있었다.

> 적폐청산이라는 이름으로 진행되고 있는 검찰수사에 대하여 많은 국민들이 보수를 궤멸시키고 또한 이를 위한 정치 공작이자, 노무현 대통령의 죽음에 대한 정치보복이라고 보고 있습니다.
>
> ─ 2018년 1월 17일, 이명박 전 대통령 기자회견문

이런 그에게 소개하고 싶은 두 사람이 있다. 한 사람은 '이명박 한반도 대운하'에 부역한 교수이고 다른 한 사람은 4대강 사업에 반대하다가 감옥까지 갔던 환경운동가이다.

[두 사람] 부역자와 저항자

"하지 마. 카메라 끄고, 찍지 마······. 마이크 끄면 이야기할게."

2017년 12월 6일 오후 고려대 강의실 복도. 곽승준 고려대 경제학과 교수는 〈삽질〉 제작팀의 취재를 격렬하게 거부했다. 그는 이명박 전 대통령의 제1공약이었던 한반도 대운하에 대해 국운융성 프로젝트라는 근거를 제공한 인물이다. 그의 비용편익분석(BC 분석: benefit-cost analysis)에 따르면, MB의 대운하는 100원을 투자하면 230원을 얻을 수 있는 '대박 사업'이었다.

2013년 3월 초 한반도 대운하의 변종인 4대강 사업을 완공했지만, 그가 주장했던 장밋빛 청사진은 찾을 수 없다. 애물단지다. 영국의 유력 일간지 가디언조차 2017년에 전 세계 여러 건축물 중 많은 비용이 투입됐지만 쓸모는 없는 '화이트 엘리펀트(white elephant, 흰 코끼리)'로 4대강 사업을 선정했다. '눈길을 끄는 자본의 쓰레기들'로 표현한 세계 10대 건축물·시설 중 하나로 꼽힌 것이다.

하지만 그는 어이없게도 곡학아세한 대가를 누렸다. 이명박 씨가 당선된 뒤인 2008년 2월에 대통령실 국정기획수석비서관으로 청와대에 들어갔다. 그는 광우병 촛불로 인해 5개월 만에 물러났지만, 다시 6개월 뒤인 2009년 1월에 대통령 직속 미래기획위원장에 임명됐다. 이명박의 최측근으로 불릴 만했다. 지금 그는 대학 강단으로 돌아가 학생들에게 경제학을 가르치고 있다.

이런 그를 환경운동연합은 '4대강 찬동인사 A급'으로 발표했다.

〈삽질〉 제작팀이 곽승준 교수를 찾아간 이유는 또 있다. 그와 만나기 일주일 전인 2017년 11월 29일에 인터뷰한 최열 환경재단 이사장의 다음과 같은 증언 때문이었다.

"꼭 10년 전이에요. 2007년 10월에 부산영화제에서 레드카펫을 밟기 전에 대기하면서 이명박 후보를 만났습니다. 이 후보는 저에게 '대운하 좀 도와달라'고 하더군요. 그래서 '우리나라는 삼면이 바다인데 운하는 의미가 없고 강을 막으면 썩기 때문에 절대로 도와줄 수 없다'고 말했죠. 그랬더니 '나중에 누굴 보내겠다'고 하더군요. 그 뒤에 환경운동연합 정책위원이었던 곽승준 고려대 교수가 찾아왔어요. '대통령 후보가 찾아가라고 해서 왔다'면서 대운하를 이야기하더군요. 저는 '되지도 않는 소리는 하지도 말라'고 했죠."

최열 이사장에 따르면 당시 곽승준 교수는 MB의 메신저였던 셈이다. 환경운동연합 정책위원이었던 학자가 왜 환경을 파괴하는 4대강 사업과 MB의 메신저 역할을 자처했을까? 그의 반론을 들어야 했다. 그래서 2017년 12월 6일 교수연구실로 찾아간 것이다.

오마이뉴스 김병기입니다.

"아, 예. 오래간만이네요. 웬일이죠?"

일주일 전에 최열 이사장님을 인터뷰했는데…….

(카메라를 본 뒤 손사래를 치며) "아이, 하지 마요. 하지 마. 찍지 마, 찍지 마."

그때 교수님이 MB 부탁을 받고…….

"카메라 끄고 들어와. 에이, 찍지 마, 찍지 마."

곽 교수는 카메라를 들이지 않으려고 교수연구실 입구를 온몸으로 막았다. 밖에서는 4대강 다큐영화 〈삽질〉 제작팀의 카메라 두 대가 계속 돌아가고 있었다. 결국 카메라 없이 나와 곽 교수 단둘이 교수실에 남았다.

10년 전에도 그와 단둘이 만난 적이 있다. "국민들의 의견을 물어서 한반도 대운하를 추진하겠다"고 한발 물러섰던 MB는 대통령에 당선되자마자 대운하를 밀어붙였다. 당시 청와대에 들어간 곽 교수를 서울 인사동의 한 식당에서 만나 "교수님이 한반도 대운하 사업을 주도하고 있느냐"고 물었다.

그는 "한반도 대운하에 관여하지 않고 있다"고 부인했다. "100원을 투자하면 230원을 얻을 수 있다는 한반도 대운하에 대한 BC 분석이 유효하냐"는 나의 질문에 대해서도 그는 적극적으로 자기주장을 되풀이하지 않고 한발 물러섰다.

그럼 대체 누가 한반도 대운하를 밀어붙이고 있는 거죠?

"(이명박) 대통령이죠."

2007년 6월 7일에 열린 한반도 대운하 기자설명회에서도 나는 곽 교수의 BC 분석의 경제효과에 의문을 제기한 적이 있다. 내 질문이 끝나자 이명박 후보는 "관점을 부정적으로 맞춰놓고 질문한 것 같다"며 불편한 기색을 드러냈다. 이 후보는 부정적인 여론을 퍼뜨리는 "원흉"이란 표현도 썼다.

그때 옆에 있던 곽승준 교수는 "반대하는 사람들은 공부 좀 하고 반대했으면 좋겠다"는 말을 두 번씩이나 했다. 그 자리에서 이 후보는 운하 공사비 충당 문제 등으로 곤혹스러워하는 곽 교수를 두둔하면서 이렇게 말했다.

"곽 교수, 너무 안타까워하지 마세요. 골재가 안 팔리면 내가 수출할 테니까."

이명박 전 대통령은 2008년 인수위 시절부터 청와대에 한반도 대운하 TF를 구성하고 제1공약을 불도저처럼 밀어붙였다. 그해 2008년 4월 총선 때는 운하에 부정적인 여론이 70~80퍼센트에 달하자 공약집에서 뺀 상태로 선거를 치렀다. 하지만 한나라당이 선거에서 이긴 뒤 이명박 정권은 한반도 대운하 사업을 드러내놓고 추진했다.

이때 광우병 촛불이 켜졌다. 집권 초기 이명박 정권을 덮친 거대한 촛불 바다였다. 이명박 정권은 서울 광화문에 전경차로 '명박산성'을 쌓았다. 하지만 경찰이 밤새워 물대포를 쏘아도 촛불은 꺼지지 않았다. 당시 '운하 폐기'는 촛불 시민들의 입에 오른 단골 구호였다. 결국 이 전 대통령은 광우병 촛불 앞에 사과하면서 한반도 대운하도 포기하겠다고 무릎을 꿇었다.

하지만 오래가진 않았다. 한반도 대운하 대신 4대강 살리기 사업을 한다면서 비밀군사작전을 벌이듯이 몰아붙였다. '청강부대'라는 이름의 실제 군대도 투입했다. 이 무렵 검찰이 환경운동연합을 전격 압수수색했다는 소식이 들렸다. 대부분의 언론들은 검증 없이 검찰 등에서 유출한 혐의 내용을 사실인 양 받아썼다. 시민들의 후원금을 횡령한 파렴치한 단체로 대서특필했다. 환경운동연합 사무총장을 지냈고 당시 고문으로 있었던 최열 환경재단 대표는 유럽에서 이 소식을 들었다.

"기후변화 문제로 영국, 독일, 네덜란드 현장을 찾아갔을 때죠. 함께 있던 고건 전 총리가 '엔지오(NGO)를 특수부에서 수사하는 게 이해가 안 된다'고 말씀하시더군요. 귀국했는데 누군가가 '최열 씨, 출국금지 됐네요'라고 전해줬습니다. 이상하다고 생각했는데 결국 제가 대표로 있던 환경재단 압수수색까지 들어왔습니다. 특수부가 거의 모든 장부를 가져갔습니다. 검찰 수사가 진행되지도 않았는데 언론들은 '최열이 환경운동연합의 돈을 횡령해서 딸의 해외 유학 자금으로 2000만 원을 썼다'고 보도했습니다. 황당했죠. 10원도 횡령한 사실이 없어서 검찰의 구속영장은 기각됐습니다."

하지만 검찰은 집요했다. 이번에는 알선수재 혐의를 걸었다. 이사 자금이 부족해서 빌린 돈의 대가성을 문제 삼았다. 구속영장은 기각됐다. 서울중앙지검 특수부는 그 뒤 4개 혐의로 최열 이사장을 기소했다. 1심에서 이 중 3개 혐의는 벗었고, 장학금 횡령 혐의만 유죄(징역 8월, 집행유예 2년)를 받았다. 그런데 항소심에서 이상한 일이 벌어졌다.

"그것도 참 황당합니다. 장학금 횡령 혐의에 대해 1심에서 유죄를 받았지만 항소심에서 혐의를 벗을 수 있다고 확신했죠. 결국 무죄를 받았습니다. 그런데 1심에서 무죄였던 알선수재 혐의에 대해 실형 1년을 선고했어요. 추가 증거나 심리 없이 1심 판결을 뒤집는 것은 위법이거든요. 재판 중에 우리 변호사가 이 혐의에 대해 무죄 취지의 말을 하려는데 재판장이 '그것은 이미 (1심에서) 무죄이기에 특별하게 말할 필요 없잖아요'라면서 말을 가로막은 뒤에 유죄를 선고했습니다. 당시 신영철 대법관이 우리의 소를 기각하는 바람에 1년 실형을 살았죠."

[짜 맞추기] 집요한 검찰, 이상한 판결

최열 이사장이 재판을 받기 시작할 때 검찰총장은 임채진 씨였다. 최 이사장은 임 씨가 검찰총장에서 물러난 뒤에 함께 점심을 먹은 적이 있다고 했다. 그때 임 전 검찰총장이 이런 취지의 말을 그에게 전했다고 밝혔다.

"당신이 조사 받을 때 나도 조사 받는 심정이었다. 당신 사건은 나를 거치지 않고 청와대 민정수석실에서 직접 수사를 지휘했다."

청와대 하명 사건이었다는 의미였다. 여기서 그친 게 아니었다. 최 이사장은 "특수부는 나와 개인적 인연이 있는 기업인들뿐만 아니라 환경운동연합과 환경재단에 후원했던 100여 개 기업도 샅샅이 뒤졌다"면서 "그 뒤에 재정적으로 많은 어려움을 겪었다"고 말했다.

"저를 수사했던 서울중앙지검 특수3부 김광준 검사는 당시 동아일보 기자를 만나 '최열은 반드시 집어넣는다, 재기 불능 상태로 만든다'고 말했답니다. 김 검사는 저를 수사할 때 기업으로부터 10억 원이나 되는 돈을 받아서 차명계좌로 관리하다가 들통이 나서 구속됐고, 검찰에서 해임된 인물입니다. 부패한 검사가 청와대 하명 사건을 수사하면서 저를 옭아맸던 겁니다."

최 이사장은 석방될 때 한 기자에게 이렇게 말했다.

"언젠가는 임무 교대할 때가 올 겁니다. 이명박 대통령이 감옥에 갈 때가 온다는 겁니다."

그는 직접 나서겠다고 했다. "이명박 전 대통령을 고소·고발하겠다"는 것이다.

"저를 감옥에 넣은 사건의 진실을 알아야겠습니다. 저뿐만이 아닙니다. 4대강 사업에 저항하다가 국정원 등으로부터 수많은 사람들이 불법 사찰을 당했고 불이익을 당했습니다. 그분들은 대체 무슨 죄인가요? 개인적으로는 국토를 이런 식으로 훼손시키고 반성하지 않으면서 '저 물(낙동강 물)로 커피를 타 먹고 싶다'고 말하는 정도의 생각을 가진 사람을 절대로 그냥 둘 수 없습니다. 법의 심판을 받아야 합니다."

이런 최 이사장은 이명박 전 대통령의 기자회견을 보고 어떤 생각을 했을까? '짜 맞추기 수사' '정치보복' '정치공작'이라는 말을 이 전 대통령에게 되돌려주고 싶지는 않았을까? 이 전 대통령은 국정원 특활비와 다스 소유주 건뿐만 아니라 자기가 직접 주문했을지도 모르는 짜 맞추기 수사 혐의에 대한 조사를 받아야 한다.

2017년 12월 6일 곽승준 교수를 찾아가 묻고 싶었던 것은 바로 이 문제였다.

MB가 부탁해서 최 이사장을 만난 건 사실이죠?

"그 사람(최열 이사장)은 내가 잘 알잖아, 옛날부터. 그냥 뭐 보는 차원이었지, 그것(MB의 부탁)과는 상관없어요. 정말로."

지금도 4대강 사업은 잘한 일이라고 보십니까? 환경을 살렸나요, 경제를 살렸나요?

"난 2007년 이후로는 거의 관여하지 않았다는 거 알잖아."

그럼 왜 미래기획위원장(2009년)을 하실 때 '4대강 사업은 잘한 일이다' '무조건 해야 한다. 지역경제를 살린다'고 하셨습니까?

"그렇지만 그땐 내 업무가 아니었지. 그럴 수 있지 않느냐는 차원의 이야기였어. 나중에 보자고. 결과가 어떻게 나오는지."

100원 투입하면 230원 정도 나온다는 (한반도 대운하 사업에 대한) BC 분석이 지금도 유효하다고 보세요?

"아이, 모르겠어. 하여튼 나는 그다음부터 (4대강 사업에 대해) 본 적이 없으니까."

한반도 대운하를 계획할 때 참여하신 것에 대해 후회하지는 않습니까?

"후회가 어디 있어. 그때는 선거 때인데. 만약에 한반도 대운하가 4대강에 문제를 일으킨다고 생각했다면 (이명박 후보가) 대통령이 안 됐겠지."

한 번쯤은 "사과한다"는 이야기를 듣고 싶었다. 나는 계속 캐물었고, 그는 계속 방어했다. 최열 이사장을 만난 건 사실이지만 MB가 시킨 일은 아니라고 했다. 15분 동안 엉거주춤한 상태에서 불편한 인터뷰가 진행됐다.

마지막으로 한 말씀만 묻겠습니다. 이명박 캠프에서 한반도 대운하에 대한 경제성 분석을 한 것에 대해 어떻게 평가하세요?

"(한반도 대운하를) 하지도 않았는데 어떻게 평가를 해. 그만해. 둘이 저녁이나 먹으면서 이야기합시다. 이건 내가 잘 알지도 못하는 거잖아. 고마워요."

한반도 대운하가 추진될 때 곽 교수가 제시한 화려한 경제성 분석은 '일자리 창출'과 '지역경제 살리기'라는 명분에 힘을 실어주었고, 이 내용은 고스란히 4대강 사업 홍보에 적용됐다. 한반도 대운하 계획서에는 4대강의 수심을 6미터로 파서 배를 띄우겠다고 밝혔는데, 4대강을 정비만 하겠다면서 강바닥을 판 4대강 사업의 수심도 6미터였다.

4대강에 세운 16개 댐의 위치는 한반도 대운하 계획서에 나온 16개 갑문과 같다. 이렇듯 두 사업의 공사 개요가 같았고 심지어 총 공사 비용도 비슷했는데, 다른 게 있다. 이 전 대통령이 "세금 한 푼 들이지 않고 운하를 만들겠다"면서 한 말이었다.

"곽 교수, 너무 안타까워하지 마셔요. 골재가 안 팔리면 내가 수출할 테니까."

이명박 후보는 골재 판매 대금으로 운하 공사비를 마련하겠다고 했지만, 4대강 사업에는 22조 원의 혈세가 투입됐다. 이 후보는 민자 유치 방식으로 일부 공사비를 충당하겠다고 했지만, 4대강 사업에 참여한 건설재벌들은 투자를 한 것이 아니라 공사비 담합으로 수조 원대의 이익을 챙겼다.

[임무 교대] 그는 심판받아야 한다

이명박 전 대통령은 2018년 1월 17일 검찰의 특수활동비 수사에 대한 '3분짜리 기자회견'에서 정치보복을 강조하면서 이런 말을 남겼다.

> 퇴임 후 지난 5년 동안 4대강 살리기와 자원외교, 제2롯데월드 등 여러 건의 수사가 진행되면서 많은 고통을 받았습니다마는, 저와 함께 일했던 고위공직자들의 권력형 비리는 없었으므로 저는 매우 다행스럽게 생각합니다.

이명박, 박근혜 정권 시절에 4대강 사업을 제대로 수사한 적은 없었다. 2009년 10월 국정감사 때 이석현 민주통합당 의원이 "대형 6개 건설사 담당자가 호텔과 삼계탕집에서 모여 공사구간을 나눠 먹기로 담합했다"고 폭로한 뒤 공정거래위원회는 4대강 사업 턴키(설계·시공 일괄입찰) 공사 담합을 늑장 조사했다. 2012년 9월에는 김기식 민주통합당 의원이 청와대와 공정위가 이 사안에 대해 사전 협의한 내부 문건을 공개하기도 했다.

김 의원이 확보한 2011년 2월 15일 자 공정위 내부 문건에는 "사건 처리 시점 결정은 청와대와 사전 협의가 필요하다", 2011년 7월 1일 자 문건에는 "내년 총선 및 대선 등 정치 일정에 따른 정치적 영향력 배제 등을 고려하여 대선 이후 상정을 목표로 심사할 계획이다"라는 내용이 적혀 있었다.

결국 공정위는 2년 8개월 만인 2012년 5월 31일 4대강 사업에 참여한 12개 건설사(현대건설, GS건설, 대우건설, 포스코건설, SK건설, GK건설, 한화건설, 대림산업, 금호산업, 현대산업개발, 삼성물산, 삼성중공업)에 총 1600억 원의 과징금을 물리겠다는 심사보고서를 각 건설사에 보냈다. 이어 6월 5일 공정위 전원회의에 참석한 9명의 위원은 제재 수위를 최종 결정했는데, 징계 대상 건설사를 8개로 축소했고 과징금 규모도 1115억 원으로 낮췄다.

박근혜 정부의 블랙리스트 사건은 법의 심판을 받고 있다. 하지만 국정원이 4대강 반대 인사들을 불법 사찰할 때 사용했을지도 모를 4대강 블랙리스트는 드러나지도 않았다. 4대강 사업에 반대하다가 감옥에 갔던 최열 이사장의 말대로 이 전 대통령은 4개월 뒤인 2018년 3월 서울 동부구치소에서 '임무 교대'했다. 그리고 2018년 10월 5일 뇌물과 횡령 혐의로 1심에서 징역 15년을 선고받았다.

심장이 멎는 듯한
압박

── 국정원의 검은 움직임

"내 강의 시간을 어떻게 알았어요?"

2017년 11월 29일 오후 인하대학교 공대 강의실에서 나온 심명필 명예교수는 불편한 기색부터 내비쳤다. "요즘은 인터뷰를 하지 않는다"고 거절하면서 교수실 문을 닫으려는 그에게 "잠깐만 시간을 내달라"고 거듭 양해를 구했다. 그는 마지못해 오마이뉴스〈삽질〉제작팀을 방으로 들였다.

우리는 불청객이었다. 심 교수는 교수실에 들어간 뒤에도 자리에 앉지 않았다. 선 채로 이야기를 하면서 "이제 그만합시다" "카메라 끄고"라는 말을 반복했다. 언제 끝날지 알 수 없는 위태로운 인터뷰였다. 거두절미하고 가장 궁금한 질문부터 던졌다.

4대강살리기추진본부장을 퇴임할 때 4대강 사업에 대해 95점을

주셨는데, 지금도 그렇게 생각하시나요?"

심 교수는 즉답을 피했다. 큰소리칠 상황이 아니라는 것을 알고 있다는 뜻으로 읽혔다.

"4대강 사업을 짧은 기간에 했는데 완벽하게 했다기보다는 미흡한 점, 부족한 점도 있긴 합니다만……."

하지만 자기 잘못은 아니라고 했다.

"100점 만점에 95점."

심명필 인하대 명예교수가 매긴 4대강 사업 성적표였다. 그는 2012년 12월 4대강살리기추진본부장을 그만두기 하루 전에 만난 동아일보 기자의 질문에 A⁺에 해당하는 후한 점수를 줬다.

당시 인터뷰 기사에서 심 교수는 "하천 준설을 통해 1년 내내 물이 흐르는 강을 만들고 홍수, 가뭄에 견딜 수 있는 수자원 관리가 이뤄졌다"며 "경부고속도로, 인천국제공항처럼 시간이 지날수록 높게 평가받는 국책사업이 될 것"이라고 말하기도 했다.

그의 말은 거짓이었다. 1년 내내 물은 가득하지만 흐르지 않는 강을 만들었다. 그의 기대와는 달리 4대강에는 시간이 지날수록 녹조가 창궐하고 시궁창 펄이 쌓였다. 환경운동연합은 2013년 2월 19일에 발표한 '4대강 찬동인사 인명록'(4대강 부역자 인명사전)에 이명박 전 대통령과 함께 심명필 교수를 S급으로 올렸다.

심 교수는 2012년 동아일보와의 인터뷰에서 이런 말도 했다.

"이제는 정치적인 이유로 무조건 4대강 사업에 반대했던 '직업적' 4대강 반대론자들의 사과를 듣고 싶습니다."

당시 그가 언급한 4대강 반대론자 중 한 명이 박창근 가톨릭관동대학교 토목공학과 교수(대한하천학회 회장)이다. 심 교수와 박 교수는 4대강 사업이 한창이었던 2010년 5월 28일 서울 상암동 오마이뉴스 스튜디오에서도 격돌한 적이 있다. 생중계로 진행한 '4대강 사업 찬반 토론회' 자리였다.

[두 학자] '보'인가, '댐'인가

심명필 교수는 콜로라도 주립대학교, 박창근 교수는 서울대학교에서 토목공학 박사 학위를 받았다. 심 교수는 서울대에서 학사와 석사 학위를 받았기에 박 교수의 8년 대학 선배이기도 하다. 두 선후배 토목공학자의 삶을 극명하게 가른 것은 바로 4대강 사업이었다.

심명필 교수는 '심 장관님'으로 불리는 영예를 안았다. 장관급 예우를 받으며 2009년부터 2012년까지 4년 동안 정부과천청사 4대강살리기추진본부 상황실로 출근했다. 그는 4대강 사업 착공부터 완공에 이르기까지 모든 과정을 총괄하며 불도저처럼 밀어붙였다. 공사 기간에는 야간전투를 방불케 하듯이 4대강 구역 전역에 불을 켜놓고 포클레인으로 골재를 팠다.

국민 세금으로 월급을 받은 심명필 교수가 직업적 4대강 반대론자로 지목한 박창근 교수. 그는 주변에서 어렵게 조달한 비용이나 자비로 4대강 현장 조사를 진행하면서 대립각을 세웠다. 박 교수가 이 싸움에 나선 것은 10년 전이다. 이명박 전 대통령이 한반도 대운하를 대선 공약으로 내세웠을 때부터였다.

"낙동강은 100번 이상 갔을 겁니다. 영산강과 금강, 한강도 각각 50번 넘게 갔죠. 4대강 전역을 도는 일제 조사는 10번 넘게 했을 텐데, 적어도 7~8일이 걸립니다. 우리가 교과서에서 배웠고 제가 학생들에게 가르치는 것은 강은 흘러야 한다는 겁니다."

두 선후배 토목공학자의 행보는 확연하게 갈렸다. 사실 두 인물 중 토목공학에 어울리는 이는 4대강에 16개 댐을 세우는 데 앞장선 심명필 교수라고들 생각할지도 모른다. 하지만 박 교수는 4대강 사업을 줄기차게 반대했다. 그 이유를 박 교수는 이렇게 설명했다.

"2000년대 초반만 해도 수자원공학은 댐 건설을 위한 교과목이었습니다. 저도 배웠죠. 하지만 우리나라 현황을 접하면서 댐이 생태계를 단절해서 강의 건강성을 해친다는 것을 알았습니다. 댐이 홍수 조절과 용수 공급 역할도 하지만 댐을 추가로 만드는 시대는 지나갔습니다. 잘못된 것에 눈을 감는 건 학자의 태도가 아니죠."

심명필 교수는 4대강에 세운 16개의 콘크리트 구조물을 '보'라고 불렀다. 이명박 정부는 각각의 구조물에 그 지역의 지명을 따서 보의 이름을 새겼다. 반면 박창근 교수는 지금도 '댐'이라고 말한다. 누구 말이 맞는 것일까?

"국제대형댐위원회(ICOLD)의 댐 규격을 토대로 본다면 설계상 4미터 높이의 세종보를 제외한 15개 보가 모두 대형 댐입니다. 지금도 보라고 우기는 것은 꼼수죠. 댐의 설계 기준으로 법에 명시된 절차를 밟아 공사를 하려면 보통 7~8년은 걸립니다. 이명박 정부 임기 내 2~3년 만에 뚝딱 해치우려고 했으니 댐을 댐이라 부르지 못한 거죠."

댐을 세우려면 국가재정법에 따른 예비타당성조사를 벌여야 한다. 이명박 정부는 이를 생략했다. 댐 건설에 앞서 짧게는 2~3년이 걸리는 환경영향평가도 4개월 만에 해치웠다. 보라는 명칭으로 사업을 호도하면서 가능했던 일이다. 구간 길이 5.8킬로미터인 청계천 문화재 조사는 1년 2개월이 소요됐다. 그런데 전체 구간이 1200킬로미터나 되는 4대강 사업 문화재 조사는 불과 2개월 만에 끝냈다. 이처럼 속전속결로 진행된 4대강 사업을 진두지휘했던 인물이 바로 심명필 교수였다.

[압박] 심장이 멎는 것 같았다

심명필 교수가 승승장구할 때 박창근 교수의 삶은 팍팍했다.
"토목공학계에서 정부 정책에 반대한다는 건 있을 수 없는 일이죠. 거의 모든 연구용역을 정부가 발주합니다. 2016년 5월경에도 모 교수님과 연구팀을 꾸렸는데 정부 부처에서 저를 교체해달라고 요구했습니다. 결국 제 이름을 뺐죠. 이런 일은 많았습니다. 반면 4대강 사업 찬성 학자인 모 대학 교수는 이명박 정부 말기에 180억 원의 연구용역을 땄습니다. 4대강 사업으로 훈장도 받았던 이 사람은 문제인 정부 들어서도 잘나갈 겁니다. 엄청난 연구용역에서 많은 실적물을 생산하겠죠. 실적을 들이밀면서 또 다른 연구용역을 수행할 겁니다. 저는 10년간 연구용역 실적이 별로 없습니다. 서글픈 일이죠."

이뿐만이 아니었다. 박 교수는 이명박 정부 시절에 국정원이 자신의 뒤를 집요하게 캤다고 말했다.

"어느 날 한 공기업에서 전화가 왔습니다. 제 연구용역 사업 자료를 국정원이 다 챙겨 갔다고 하더군요. 한 지방자치단체 담당자도 전화를 했습니다. '교수님, 국정원에서 교수님과 관련된 용역 자료는 다 가져갔습니다.' 국정원과 경찰 관계자는 저희 학교에 수시로 전화를 해서 '박창근 교수가 수업을 제대로 하고 있냐' '연구 실적이 나쁜 것 아니냐' 등을 물었답니다. 그런 이야기를 들을 때마다 심장이 멎는 것 같은 압박감을 느꼈죠."

[녹색 뉴딜] 장밋빛 청사진의 종말

심명필 교수는 기회가 있을 때마다 4대강 사업의 경제적 효과를 수치로 제시했다.

"4대강의 수질도 살리고 34만 개 일자리 창출과 40조 원의 경제 부양 효과가 있는 사업이다."

환경과 경제, 두 마리 토끼를 잡는 '녹색 뉴딜 사업'이라는 것이다. 시간이 흘러 녹조가 창궐하는 4대강을 보면서 그는 여전히 그렇다고 자신할까? 지금 4대강 사업 현장에서는 그가 자신만만하게 내세웠던 일자리가 유지되고 있을까? 4대강 사업비의 2배에 가까운 경제효과는 나타난 것일까? 불청객으로 찾아간 그의 사무실에서 꼭 묻고 싶은 질문이었다.

4대강 사업으로 34만 개 일자리를 창출했다고 보십니까?

"아마도 일자리 목표에서 80~90퍼센트는 달성했을 거예요. 고용노동부가 발표한 게 있거든요. 인터넷에 검색해보시면 알 겁니다."

4대강 사업은 '2배 장사'라고 표현하시기도 했죠. 지역경제를 살린다고도 말씀하셨는데, 수조 원대 공사비를 담합한 것으로 드러났어요. 결국 건설재벌들의 배만 불렸다는 비판도 있습니다.

"건설재벌은 잘 모르겠습니다. 매년 홍수 피해액은 1조 5000억 원 정도였고 복구하는 데 2조 4000억 원이 들었거든요. 그런데 4대강 공사 이후 홍수 피해를 입었다는 뉴스가 없으니……."

심 교수는 자기가 그토록 강조했던 '녹색 뉴딜' 효과에 대해 말을 흐렸다. 이유가 있다. 이명박 정권 시절인 2011년 6월에 고용노동부가 발표한 4대강 사업 고용효과는 8만 8400명이었다. 이 수치는 34만 개라는 목표치에 못 미칠 뿐만 아니라 야당으로부터 과대 포장된 것이라는 비판을 받았다. 야당 의원들은 당시 4대강 일자리 분석 자료를 요구했지만 고용노동부는 "자료 부존재"라면서 자료를 내놓지 못했다.

박창근 교수도 당시 상황을 기억했다.

"고용노동부가 분석 자료를 주지 않아서 민주당 의원이 고용노동부로부터 4대강 사업에 참여한 500개 사업장의 고용보험 가입자 현황 자료를 제출받아 분석한 적이 있어요. 새로 만든 일자리가 1222개였습니다. 상용직은 364개였고, 나머지 858개 일자리는 고용계약 기간이 1개월 미만이거나 일당을 받는 일용직이었어요.

22조 원을 들여서 40조 원의 경제유발효과를 가져온다면 대박 사업이죠. 하지만 서울대 홍종호 교수의 BC 분석에 따르면 '2배 장사'가 아니라 100원을 투입하면 24원을 건질 수 있는 사업이었습니다. 이명박, 박근혜 정권 시절에 국가경제도 추락했지만 지역경제는 더 추락했죠."

홍수와 가뭄 예방 효과를 이야기한 심 교수의 주장에 대해서도 박 교수는 의견이 달랐다.

일주일 전에 오마이뉴스 4대강 다큐영화 제작팀이 인하대로 찾아가 심명필 교수를 만났습니다. 심 교수는 홍수와 가뭄 예방 효과가 있었다고 주장하더군요.

"'낙동강 소송'(4대강 국민소송단이 낸 낙동강 사업 취소 소송) 재판부도 4대강 댐은 홍수를 증가시키는 구조물이라는 것을 인정했습니다. 또 과거에 4대강 본류에서 홍수가 난 적은 거의 없습니다. 2002년 태풍 루사, 2003년 태풍 매미가 왔을 때에도 지방하천만 쑥대밭이 되었습니다. 홍수 피해를 막아야 한다는 전제는 맞는데 번지수를 잘못 짚은 겁니다.

가뭄도 마찬가지죠. 서울만 해도 30~40년간 생활용수가 부족하다는 말을 못 들어봤습니다. 수자원장기종합계획에는 낙동강 물이 남아돈다고 나와 있습니다. 가뭄 피해는 산간·농촌 지역과 도서·해안 지역에서 발생합니다. 이런 곳에는 간이 상수도를 공급하면 됩니다. 4대강 물이 남아도는데도 더 확보해야 한다면, 그 이유는 운하에 배를 띄우겠다는 것 말고는 없습니다."

[국민 세금] 밑 빠진 독에 물 붓기

심명필 교수가 〈삽질〉 제작팀에게 인정한 '미흡한 점, 부족한 점'은 4대강으로 흘러드는 수많은 지천에 대한 수질 개선 사업을 못했다는 것이었다. 4대강 수질이 적어도 나아지지 않았다는 것을 간접적으로 인정한 셈이다.

"4대강 사업이 완벽해지려면 지류의 수질 개선 사업을 해야 했거든요. 특히 녹조의 원인이 되는 인 제거 시설 등을 추가로 설치하면서 수질 개선 사업을 확장해갈 필요가 있었던 거죠."

사실 4대강 사업을 비판해온 환경단체나 학자들은 처음부터 "본류는 그대로 두고 지천 개선 사업을 벌여야 한다"고 주장해왔다. 하지만 심 교수 등은 22조 원을 들여 4대강 본류 공사만 마무리하면 4대강 수질을 획기적으로 개선시킬 수 있다고 반박해왔다. 이제 와서 말을 바꾼 셈이다. 심 교수에게 물었다.

그럼 4대강 사업으로 인해 수질이 더 악화됐다는 점은 인정하시

나요?

"녹조를 4대강 사업과 연관시키는 건 곤란합니다. 4대강 공사 이전에도 녹조는 발생했습니다. 녹조가 발생하는 원인이 따로 있거든요."

어떤 원인이죠?

"수온과 일조량, 인과 같은 영양염류죠."

4대강 사업 이전과 비교할 때 수온도 낮았고 일조량도 적었습니다. 영양염류도 줄었다는 통계 수치가 나와 있습니다. 교수님은 말하지 않으셨지만, 녹조가 발생하는 원인 중 하나로 '물의 체류시간'이 있습니다. 댐 때문에 체류시간이 증가됐고, 과거보다 녹조 발생 빈도가 늘었습니다.

"체류시간 문제는 견해가 갈립니다. 아마도 더 연구를 해서 우리가 결론을 내려야······."

결국 심 교수는 4대강에 세운 16개 댐이 심각한 수질 악화를 불러왔다는 사실을 인정하지 않았다. 하지만 박창근 교수의 생각은 달랐다.

"낙동강은 1300만 명 영남인의 식수원입니다. 환경부의 2016년 자료를 보니 7~8월 두 달 동안 COD(화학적 산소요구량. 유기물 등의 오염물질을 산화제로 산화 분해시켜 정화하는 데 소비되는 산소량)가 4급수 수준으로 떨어졌습니다. 보가 건설되면서 물의 체류시간이 길어지고 녹조가 창궐했죠. 상류에는 시궁창 냄새가 나는 펄이 쌓였고 깔따구나 실지렁이와 같은 4급수 지표종이 점령했습니다. 환경부 지침에 따르면 4급수는 생활용수로 부적절합니다.

이명박, 박근혜 정부 때 환경부는 보도자료를 통해 '정수처리되는 수돗물은 안전하다'는 말만 되풀이했습니다. 세금 22조 원을 들여서 똥물을 만들고 고도정수처리하면서 또 세금을 들여야 하는지……. 식수원이 4급수로 떨어졌다는 것은 국가재난사태를 선포해야 할 만큼 심각한 상황입니다."

지난 10년 동안 각종 토론회와 기자회견장뿐만 아니라 4대강 현장에서도 박창근 교수를 여러 번 만났다. 그때마다 그는 보트에 올라타서 수심 측정기 등 각종 계측기로 2~3시간 동안 댐 주변을 돌면서 측량했다.

"보 설계 기준으로 댐을 세운 부작용이 계속 관측됩니다. 함안보 바로 위쪽의 파이핑(piping) 현상을 수중 촬영했습니다. 깔때기 형태로 15미터 깊이로 파인 것을 확인했죠. 보 아래쪽 물속에서 보글거리며 모래가 솟아오르는 것도 관측했습니다. 2012년 감사원 조사 때에도 확인한 현상입니다. 이게 반복되면 보 밑의 모래들이 다 빠져나가고, 기초 파일들이 받치고는 있지만 거대한 콘크리트 구조물만 공중에 붕 떠 있는 상태가 될 겁니다. 보 아래쪽의 바닥보호공과 물받이공도 수시로 유실되고 있습니다. 최근 함안보에서 바닥보호공 보강작업을 진행했습니다. 학교 교탁만 한 것이 1세제곱미터인데요, 그 정도 크기의 돌을 6만 5000개나 쏟아부었습니다. 그런데 물속에서는 부력이 있기에 쉽게 쓸려서 내려갈 겁니다. 밑 빠진 독에 물 붓듯이 국민 세금을 써야 합니다."

[적폐청산] 사기극에 부역한 대가

이명박 정부는 4대강 사업이 완공되기도 전인 2011년 10월에 무려 1157명에게 훈포장을 수여했다. 세금으로 만든 훈포장 제작 비용만도 1억 원이 넘었다. 2013년 이디경 의원이 공개한 자료에 따르면 '공적 내용'도 황당한 것들이 많았다.

"TV 토론과 신문 기고를 통해 사업을 적극 홍보한" 김 아무개 씨는 대통령 표창을 받았다. "자전거 동호회장으로 4대강 종주 자전거길을 주행 점검한" 고 아무개 씨는 국무총리 표창을 받았다. "4대강 사업의 성공적인 추진을 위한 49일 불사를 개최하고 신도들에게 홍보한" 승려는 국민훈장 동백장을 받았다.

"4대강 사업 반대집회를 사전에 차단하고 반대 여론 확산을 사전에 차단한" 공로로 훈포장을 받은 20여 명의 경찰도 있다. 4대강 공사비 담합 비리가 드러나 수천억 원대의 벌금을 냈던 건설업체 직원과 4대강 사업 때 비자금을 조성한 혐의로 대표가 구속된 업체에 뇌물을 준 회사의 임직원들도 훈포장을 받았다. 하천수변공간 조성, 하천 이용 활성화 기반 구축 등 4대강 사업에 참여했다는 것을 훈포장 수여의 공로로 인정한 것이다. 장관급이었던 심 교수도 이때 청조근정훈장을 받았다.

〈삽질〉 제작팀이 심명필 교수에게 마지막으로 던진 질문은 이것이다.

지금도 매년 유지보수 비용으로 수천억 원에서 수조 원의 혈세를

쓰는데도 강은 죽고 있습니다. 강을 망친 사람들에게 책임을 물어야 한다는 주장에 대해 어떻게 생각하시나요?

"매사를 부정적 관점으로 보는 사람들은 그렇게 이야기합니다. 우리가 4대강 사업을 긍정적으로 본다면, 생태를 충분히 고려하면서 홍수를 줄이고 가뭄에 대비한 물을 확보했습니다. 부정적인 측면만 확대해서 이야기하는 건 바람직하지 않습니다. 이제 마칠래요. 그만할래요."

박창근 교수에게도 같은 질문을 던졌다.

"이명박 전 대통령과 부역자들은 마땅한 책임을 져야겠죠. 22조 원을 들인 대국민 사기극에 동조했던 분들에게 책임을 묻지 않고, 곡학아세한 대가로 더 많은 연구 기회를 주어선 안 됩니다. 친일 잔재를 청산하지 못해 부역자들이 승승장구했던 것과 같은 오류를 범할 것입니다. 특히 사기극에 부역한 대가로 받은 훈포장을 취소해야 마땅합니다."

부정한 권력에 영합해 호가호위한 토목공학자와 4대강 사업에 저항하면서 고초를 당한 토목공학자. 심 교수의 말처럼 그냥 여기서 마친다면 토목공학계뿐만 아니라 우리의 미래가 없다. 과학에 대한 배반이기도 하다.

내부자들의 고백

—— 정부와 언론의 야합

"오마이뉴스와 인터뷰하고 싶지 않으니까 가세요."

그는 싸늘했다. 서울 강남의 한 호텔 로비에서 마주친 그는 〈삽질〉 제작팀의 요청을 뿌리쳤다. 2017년 12월 27일 오전 6시 30분부터 3시간 넘게 호텔 직원의 눈치를 보며 그가 조찬 행사를 마치기를 기다렸지만 허사였다. 4대강 사업에 대한 그의 제대로 된 '한 말씀'을 듣는 것은 포기해야 했다.

권도엽 전 국토해양부 장관은 차관 시절인 2009년 1월 7일 청주에서 열린 경제설명회에 참석해 이렇게 말했다.

"4대강 살리기 프로젝트는 70년대 재난 예방을 위해 손을 댄 후 방치한 하천을 정비해 재난과 용수난을 해결하고 국토의 품격을 높이는 사업입니다."

지금도 그렇게 생각하는지 궁금했다. 호텔 회전문을 열고 바깥으로 나가는 그를 쫓으며 질문을 던졌다.

아직도 4대강 사업이 '국토의 품격'을 높였다고 생각하시나요?

권 전 장관은 질문에 답변하지 않고 되레 오마이뉴스를 훈계했다.

"현장에 한번 가보세요. 언론은 팩트를 정확하게 전달하려고 애써야…… 사람들마다 다른 시각도 정확하게 전달하려고 애써야 하는데, 오마이뉴스가 정말 그런 객관적인 위치에 있는지 생각해보세요."

[훈계] 현장에 한번 가보세요

4대강 사업은 그의 장관 재임 시절에 완공했고, 그 뒤로 6년이 흘렀다. 권 전 장관은 현장에 한번 가보라고 말했다. 오마이뉴스는 김종술, 정수근, 이철재 시민기자 등 4대강 독립군들과 함께 매년 현장 탐사보도를 해왔다. 6박 7일간 자전거를 타고 취재한 적도 있고 투명카약과 뗏목도 탔다. 김종술, 정수근 기자는 거의 매일 현장을 취재했다. 두 기자가 쓴 현장 기사만도 1500여 건에 달한다.

4대강 현장뿐만이 아니었다. 이명박 전 대통령의 한반도 대운하 공약을 검증하려고 독일, 네덜란드, 미국, 일본 등의 강과 운하를 찾아가 탐사보도했다. 유람선을 띄워 지역경제를 살리겠다는 이 전 대통령의 주장을 확인하려고 텅 빈 유람선을 타고 미시시피강을 거슬러 올랐다. 또 지난 30년간 1000개가 넘는 댐을 허문 이유를 취재하려고 미국행 비행기를 탄 것도 두 번이었다.

권 전 장관은 현장에 이어 팩트(사실)의 중요성을 말했다. 오마이뉴스는 4대강 공사 이후 매년 녹조가 더 짙게 창궐하는 모습을 현장에서 확인했다. 수시로 물고기가 떼죽음을 당했다. 4대강 독립군들은 큰빗이끼벌레가 강을 점령한 충격적인 모습을 처음으로 보도했다. 최악 수질 4급수의 지표종인 실지렁이와 붉은 깔따구가 시궁창 펄 속에 득실거리는 것도 최초 공개했다. 권 전 장관이 말하려고 했던 현장과 팩트는 그의 자부심과 너무 달랐다.

그는 이날 4대강 사업에 대한 '다른 시각'도 강조했다. 오마이뉴스 〈삽질〉 제작팀이 권 전 장관의 동선을 어렵게 확인해 찾아간 것은 다른 시각을 듣고 싶어서였다. 하지만 그는 오마이뉴스의 마이크를 외면했다. 국민 세금 22조 원을 쓰는 데 앞장섰던 그가 품격 있는 장관이었다면 회피할 게 아니라 책임 있는 답변을 해야 했다. 그는 답변 대신 '언론의 품격'만 강조했다. '사실을 정확하게 전달하는 객관적인 언론.'

이런 그에게 보여주고 싶은 한 쪽짜리 문건이 있다. 2018년 2월 6일 김종술 기자의 소개로 만난 A씨가 〈삽질〉 제작팀에 건넨 문서다. A씨는 4대강 사업을 시작할 때 공사 현장소장을 지냈다. 아직도 같은 업종에서 일하기 때문에 익명으로 인터뷰에 응했다.

이 문건의 제목은 '공구별 지역언론사 배정 현황'이다. 4대강 사업 초기에 A씨가 건설사로부터 이메일로 받은 문서다. 이 문건은 4

대강 공사 5개 구간별로 2~3개의 지역 언론사를 배정한 표이다. 해당 언론사 기자 이름과 휴대전화 번호, 이메일 주소까지 적시했다. 이 문건은 대체 어떤 목적으로 현장소장들에게 배포됐을까?

"4대강 공사의 당위성을 언론에 홍보하려고 초기부터 시공회사별로 언론사를 배정했죠. 시공회사가 자발적으로 한 형식을 취했지만 정부 지시였을 겁니다. '공구별 지역언론사 배정 현황'이라는 표를 만들어서 현장소장 메일로 발송했죠. 한 언론사에 광고료 조로 수백만 원씩 뿌리라는 지시였어요. 시공회사에서 빠져나온 돈은 4대강 공사 때 쓴 22조 원의 일부입니다."

이 문건에 적혀 있는 해당 기자들의 실명 기사를 검색해봤다. 4대강 사업을 비판한 기사는 거의 찾을 수 없었다. '4대강 사업으로 지역 관광이 활성화된다' '수상 레저 산업 활성화' '4대강 사업은 군민들의 희망' '4대강 살리기 희망 선포식' 등의 기사를 통해 4대강살리기추진본부 측의 일방적 홍보 내용을 다루거나 찬성 여론을 주로 보도했다. 한 기자는 권 전 장관이 국토해양부 차관 시절에 현장을 방문한 기사를 쓰기도 했다.

A씨가 건네준 문건을 확인하다가 문득 권 전 장관이 말한 '객관적인 언론'이라는 표현이 떠올랐다. 권 장관은 이런 언론을 염두에 두고 오마이뉴스를 훈계하듯이 말한 것으로 보이는데, 이들이 쓴 기사에는 현장의 팩트는 없고 정부의 보도자료를 자기가 취재한 것인 양 그대로 베낀 팩트만이 가득했다.

[고백] 4대강 사업은 미친 공사

4대강 사업 현장소장이었던 A씨의 증언을 더 들어보자.

"4대강 사업은 한마디로 미친 공사죠. 국민 세금을 대기업에 퍼주기 위한 사업이었습니다. 공사 시작 전 업체에 지급하는 선급금이라는 것이 있습니다. 통상적으로 공사비의 20~30퍼센트를 줍니다. 그런데 4대강 사업에 참여한 대기업에는 70퍼센트의 현금을 지급했죠. 이 선급금을 받으려면 지급 보증 능력이 있어야 하는데 지역 업체들은 감히 넘볼 수 없는 큰돈입니다. 지역경제를 살리겠다고 했지만 지역 업체의 참여를 원천 봉쇄하고 대기업에는 엄청난 특혜를 준 거죠. 또 4대강 사업은 설계부터 시공에 이르기까지 대기업만이 할 수 있는 공사였습니다. 대기업이 생산하는 덤프트럭과 포클레인이 동원됐습니다. 직접공사비의 25퍼센트에 달하는 기름 값도 시공사의 계열사인 정유회사들이 독식했습니다. 4대강 공사만큼 대기업에 퍼줄 수 있는 공사는 이전에도 없었고 앞으로도 없을 겁니다."

권 전 장관이 말한 '국토의 품격'을 높이는 과정에서 빚어진 일이다. A씨는 4대강 사업이 "하나 마나 한 공사였다"면서 권 전 장관의 자부심과 배치되는 증언을 계속했다.

"4대강 사업을 할 때 강바닥을 6미터 깊이로 파야 했죠. 두 가지 방법이 동원됐습니다. 포클레인이 들어갈 수 있는 곳은 육상준설을 했고, 물속의 모래를 빨아올리는 식의 수중준설을 병행했습니다.

수중준설은 육상준설보다 단가가 5~6배 비쌉니다. 계약서에는 두 가지 방식의 단가를 다르게 매겨 돈을 지급하도록 되어 있어요. 실제 공사에 두 가지 방식이 병행되긴 했지만 육상준설 위주였어요. 하지만 공사비를 계산할 때는 육상준설로 퍼낸 모래도 수중준설로 퍼낸 것처럼 꾸미면서 돈을 받았습니다. 어떤 업자가 수중준설을 하겠습니까? 시늉만 하고 폭리를 취했죠.

4대강 사업이 끝난 뒤에 수심 측량 결과에 관한 이야기를 들은 적이 있는데 원래 상태로 메워진 구간이 많았습니다. 수심 6미터 유지라는 애초의 공사 목표를 이루지도 못하고 단가 차이를 이용해 국민 세금을 빼돌려서 대기업들에 안긴 겁니다."

오마이뉴스 〈삽질〉 제작팀은 2018년 1월 22일 또 다른 '내부자'를 만났다. 김종술 시민기자의 소개로 만난 녹조 제거 업체 '지오마린'의 대표 김정한 씨였다. 김 대표는 권 전 장관의 재임 시절에 4대강 녹조 제거 사업을 했다. 강에서 녹조를 제거한 것은 그때가 처음이란다.

4대강 공사 이후 '녹조라떼'라는 말이 널리 회자됐다. 오마이뉴스 4대강 독립군인 정수근 시민기자가 현장 기사를 쓰면서 최초로 사용한 조어다. 이 신조어가 유행했다는 것만으로도 권 전 장관이 4대강 사업으로 이룩한 국토의 품격은 여지없이 무너졌다.

"녹조가 창궐하자 환경부는 2012년 2월에 조류 제거를 위한 기술 발표회를 거쳐 공모를 진행했습니다. 저희는 4대강 5개 지점에서 '조류 및 퇴적오염 유기물 제거선'이라는 이름으로 참여해 10억 원어치 사업을 수주했습니다. 저희 설비는 하루에 조류 약 3만 톤을 처리하는데 대부분의 언론들은 4대강 녹조 문제가 완전히 해결되는 것처럼 보도했습니다. 4대강 넓은 수계의 담수 용량은 수억 톤입니다. 조류가 모든 강에 확산되고 있는데 우리 설비로 그걸 처리하라는 건 코끼리에게 비스킷 한 개 던져주고 '너 배부르냐'고 묻는 격입니다. 결국 조류 문제가 해결되지 않자 언론은 강에 잘못된 예산을 투입했다고 난리를 쳤습니다. 저희를 향해서도 '네가 그 일을 했으니 너도 범죄자'라고 몰아붙였죠. 심한 자괴감이 들었습니다."

김 대표는 애초 수주한 금액의 절반도 건지지 못하고 사업을 끝내야 했다. 그는 "4대강 수질 개선 사업이 별다른 효과를 보지 못하자 정부는 2013년에 무려 3년간 120억 원의 사업비를 책정해 연구단을 발족시켰다"면서 "2017년 3월에 연구결과를 발표했는데 대부분 기존에 민간업자들이 가지고 있던 조류 제거 기술이 제시됐다"고 말했다.

"정부는 '총인(물속에 포함된 인화합물의 총량) 제거 사업'에도 수조 원을 들였습니다. 지천이나 하수종말처리장으로 들어오는 유입수를 정화하기 위해서였죠. 하지만 비점오염원(양식장, 야적장, 농경지, 도시 노면 등과 같이 광범위한 오염물 배출경로를 갖는 오염원)에서 유입되는 인 성분을 제거해도 물을 가둬두면 펄이 쌓이고 썩습니다. 보에 가로막혀 물의 체류시간이 길어지면 4대강에 수백 개의 조류 제거 시설을 설치해도 조류는 계속 번식할 수밖에 없습니다. 이건 상식입니다."

[유혹] 4대강 사업에 협조하면 광고하겠다

2명의 내부자가 증언한 내용과 같은 4대강 사업에 대한 비판은 지역 언론뿐만 아니라 조·중·동 등 보수언론에도 거의 실리지 않았다. 대부분의 언론은 4대강 사업을 검증하지 않았고, MB 정부의 주장을 앵무새처럼 받아 적었다. 4대강 공사가 환경도 살리고 국운도 융성시킬 수 있는 '녹색 뉴딜' 사업이라는 것을 국민에게 각인시키려 했다.

권도엽 전 장관의 객관적인 언론이란 이런 언론을 염두에 두고 한 말인지도 모른다. 하지만 보수언론의 4대강 보도에는 현장과 사실이 없고 '다른' 시각만 있었다. 찬반양론을 같은 분량으로 실으면 객관적인 보도일까? 그건 객관이 아니다. 녹조가 창궐하는 현장에 가보면 안다. 이는 거짓을 희석하는 것이다. 정략적 목표와 이념에 사로잡혀 사실과 현장을 외면한 기사들이다.

이명박 정부 때 4대강 가짜 뉴스들은 일파만파 확산됐다. 2018년 2월 5일 KBS는 4대강 사업 당시 보수언론이 쓴 논설을 기무사까지 동원해 퍼나른 정황을 단독 보도했다. 2011년 7월에 낙동강 호우 피해로 4대강 사업 책임론이 제기되자 정부를 옹호하고 야당을 비판한 내용의 논설이다. 기무사 내부 문건에 따르면 "기무사 보안처 소령 A씨 등 6명과 트위터 ID 60개가 동원돼 이 논설을 퍼날랐다". 그리고 그 결과를 청와대에 보고했다.

왜 이랬을까? 언론의 품격을 강조한 권 전 장관에게 보여주고 싶은 또 다른 문건이 있다. 현장소장이었던 A씨가 〈삽질〉 제작팀에게 이메일로 보내준 두 쪽짜리 공문이다. 4대강 사업 때 전국적으로 각 지역에 관변단체들이 급조되어 활동했는데, 이런 단체 중 하나인 '○○○개발위원회'가 A씨에게 보낸 문건이다.

공문의 제목은 '광고협조 요청'. 2010년 7월에 발송된 공문에는 다음과 같은 내용과 함께 14개 지역 신문사의 명칭과 기자 이름, 이메일 주소, 전화번호가 적혀 있었다.

"○○○개발위원회에서는 중요 국책 사업 중의 하나인 4대강 살리기에 대하여 무조건 반대하는 세력에 맞서 ○○군 일만 이천 명의 지지서명을 받아 청와대를 비롯한 각계에 전달한 바 있습니다. 이에 따라 적극 홍보에 앞장서준 지역 언론사에 광고를 하고자 하오니 협조하여 주시기 바랍니다. * 첨부. ○○군 지역 언론사 현황"

집권 이후 오마이뉴스에 한 푼의 광고비도 집행하지 않았던 MB 정부는 4대강 공사가 한창이던 시절에 수천만 원대의 4대강 홍보 광고를 주겠다고 연락을 해왔다. 오마이뉴스는 거절했다. 현장과 사실을 왜곡하면서 '4대강 사기극'을 홍보해달라는 거짓 광고였기 때문이다.

오마이뉴스는 거절했지만 지역 언론과 대부분의 중앙 언론사에는 4대강 홍보 광고가 뿌려졌다. 2011년 9월 국회 문화체육관광방송통신위원회 소속이었던 김부겸 의원이 국정감사 때 발표한 자료에 따르면 4대강 사업의 광고비는 100억 원에 육박했다. 이 돈은 이명박 전 대통령과 권도엽 전 장관의 주머니에서 나온 돈이 아니다.

국민 세금이다. 당시 여론조사 결과 70~80퍼센트가 반대하는 4대강 사업 여론을 뒤집기 위해 국민의 돈을 퍼다 쓴 것이다.

권도엽 전 국토해양부 장관이 강조한 국토의 품격은 거짓 기사로 높일 수 없다. 그가 오마이뉴스를 향해 훈계하듯이 말한 언론의 품격은 광고비와 같은 돈으로 살 수 없다. 이명박 정부는 기무사 등을 동원해 거짓 광고와 가짜 기사를 퍼나르며 국토의 품격을 높이려 했지만 침묵하는 강은 매년 썩어가면서 거짓을 온몸으로 고발하고 있다.

묻혀버린
비자금의 진실

―― 피의자가 되어버린 제보자

2018년 10월 11일 오후 경기도 여즈시 시내 한 골목으로 흰색 승용차가 들어왔다. 그가 차창을 반쯤 내리더니 한마디를 던졌다.

"혼자 왔어요?"

조수석에 나를 앉히고 골목에서 빠져나온 그는 원래 약속 장소였던 대형 마트 커피숍이 아니라 다른 곳으로 차를 몰았다.

"어, 저기로 가는 게 아니었나요?"

"문을 닫은 것 같은데, 다른 데로 갑시다."

그는 대화 도중에도 차창을 내린 채 자꾸 백미러를 쳐다봤다. 차는 신호등마다 멈췄다. 큰길에서 골목길로 들어갔다가 다시 큰길로 나오기를 거듭했다. 누가 따라오는지를 확인하는 것 같았다. 나는 4대강 다큐영화 〈삽질〉 제작팀에게 문자 메시지를 보냈다.

"따라오지 마라. 눈치챌 것 같다."

그는 커피숍이 아니라 먼 곳에서 몰래 촬영하기조차 어려운 곳을 택했다. 바로 앞에 도로와 공터가 있는 골목의 한 편의점 야외 테이블이었다. 고등학생 5~6명이 옆자리에 앉아서 어묵과 과자를 먹으며 떠들었다. 그가 두리번거리는 틈을 타 나는 2차 메시지를 날렸다.

"××××편의점"

대화는 헛돌았다. 나는 그의 불편한 심기를 살피면서 1시간 30분에 걸쳐, 어떻게 4대강 사업 비자금을 조성하여 원청업체에 전달했는지를 물었다. 그는 "지난번에 이야기를 다 했다"면서 대답하기를 꺼렸다. 그 시각 여주 시내의 다른 편의점들을 헤매고 다녔을 제작팀처럼 나도 말씨름을 하면서 헤맸다.

4대강 사업 당시 한강 지역 한 공구에 재하청업체로 참여했던 A사 사장 정성욱 씨(가명). 그가 이토록 민감한 까닭이 있다. 정 사장은 2012년에 4대강복원범국민대책위원회(이하 범대위)에 '4대강 비자금'의 실체를 최초로 알린 제보자였다. "현대건설이 하청업체들에게 부풀린 공사 대금을 지급하고 이를 현금으로 되돌려받아서 비자금을 조성했다"는 게 그의 주장이었다.

정 사장은 당시 준설토를 운반했던 자기 업체가 현대건설 하청업체에 부풀려서 발행해준 세금계산서와 현대 측에 되돌려준 현금 내역이 적힌 비자금 장부도 제시했다. 하지만 검찰의 비자금 수사 방향은 그와 범대위가 예상치 못한 곳으로 튀었다. 이날 나와 만난 그는 당시 수사 상황을 이렇게 설명했다.

"처음엔 제보자였는데 나중엔 피의자였어요. 2년 동안 검찰에 끌려다녔죠. 검찰은 '어차피 당신이 돈을 빼내준 것 아니냐'고 따져 물었습니다. 저는 제보했지만 뇌물을 받고 비자금을 만든 사람이 되었어요. 세금계산서의 부풀린 돈은 현금으로 현대건설에 되돌려줬는데 국세청으로부터 수십억 원을 추징당했어요. 제가 왜 그 세금까지 내야 합니까?"

그는 목소리를 높였고 나는 말문이 막혔다. 4대강 비자금이 다시 공론화된다면 그는 지난 악몽을 되풀이할 수도 있다. 그는 기자와 만나는 것도 몰래카메라에 찍히는 것도 두려웠던 것이다. 그럼에도 정 사장은 두 달 전만 해도 〈삽질〉 제작팀을 만나 어떤 방식으로 비자금을 모아서 전달했는지를 비교적 자세히 밝혔다.

[증언 1] 라면 박스로 1년간 100억 비자금 실어 날랐다

"덤프차 한 대를 운용하면 시간당 5만 원을 받았어요. 10시간을 일하면 50만 원이죠. 하지만 나는 세금계산서를 65만 원으로 끊었어요. 15만 원은 현대건설에 되돌려줬죠. (중략) 나는 차를 주간에 100대, 야간에 100대 운영했어요. 그럼 대충 계산이 나오죠. 하루에 3000만 원 정도씩 비자금을 만들었죠."

정 사장은 5만 원권 현찰을 라면 박스에 담아서 현대건설에 전달했다고 증언했다.

"하청업체였던 B건설 김 아무개 회장과 함께 차에 현찰을 라면박스 3개에 나눠 싣고 현대 계동 사옥 주변의 커피숍으로 갔습니다. 인사동에서 나오는 길의 맞은편 골목 커피숍에 앉아 있으면 현대 측 사람이 나옵니다. 그에게 차 키를 건네면 사라졌다가 나중에 차 키를 가지고 옵니다. 이렇게 13개월 정도 했어요. 한 달에 9억 원이면 100억 원이 넘었겠죠."

그의 증언은 꾸며냈다고 믿기 어려울 정도로 구체적이었다. 나는 사실 확인차 정 사장과 동행했다는 김 회장에게 두 번에 걸쳐서 전화를 걸어 인터뷰를 요청했다. 그는 두 번 다 "모두 거짓말이고 이미 끝난 이야기"라면서 "하늘이 두 쪽이 나도 그런 일은 없었다"며 전화를 일방적으로 끊었다.

[증언 2] 하청업체 계좌로 비자금 보냈다

정 사장은 또 "B건설 김 회장과 현대건설 계동 사옥으로 현찰을 실어 나르기 전인 4대강 사업 초창기에는 현대건설 하청업체였던 C업체의 계좌로 비자금을 넣어주었다"고 증언했다. 당시 민주통합당 국회의원이었던 고 임내현 의원은 2012년 10월 국토해양부 국정감사에서 A업체가 C업체 계좌로 송금한 9억 8000만 원가량의 비자금 장부를 폭로했다.

임 의원은 C업체 사장을 직접 만나서 현대건설 비자금과 관련된 진술을 확보한 몰래카메라 동영상을 국감장에서 틀었다. 이 영상에서 C업체 사장은 9억 8000만 원 가운데 5억여 원을 되돌려 받은 사실을 인정하면서, 그중 3억 6000만 원을 다시 현대건설 측에 건네주었음을 다음과 같이 시인했다.

"정비업체(A업체)에서 세금계산서를 다 끊어 왔습니다. 보니까 우리 여직원 통장으로 5억 얼마가 들어왔습니다. 여직원 통장에서 나간 돈이 총 2억 2000만 원이에요. 1억 5000만 원, 7000만 원 해서 2억 2000만 원인가가 갔어요."

"얼마가 누구한테 갔다고요?"

"남○○ 소장(현장소장) 통해서 현대로 간 거죠. (중략) 내 통장에서 1000만 원, 3000만 원 이런 식으로 (현대건설에) 간 게 1억 4000만 원이니 총 3억 6000만 원입니다."

[은폐된 진실] 할 말이 없다

A업체 정 사장의 증언이 빈말은 아니었던 셈이다. 〈삽질〉 제작팀은 C업체 사장에게 수차례 전화를 걸어 당시 상황을 확인하려 했지만 "할 말이 없다"면서 인터뷰를 거절했다. 현대건설 측의 반론도 들으려 했지만 "이미 무혐의 처분을 받은 것으로 알고 있다"면서 "오래전의 일이기에 그 상황에 대해 아는 분도 없다"고 말했다.

현대건설에서 4대강 사업을 총괄 지휘했던 한 고위급 인사도 당시 상황을 알고 있었다. 하지만 그는 "당시 두 업체 간의 돈거래는 현대건설 비자금과는 무관하다"면서 "두 업체 간의 분쟁 때문에 돈이 오간 것으로 알고 있다"고 말했다.

이 사건은 결국 유야무야됐다. 검찰은 계속해서 제보자인 정 씨를 피의자로 대접한 것으로 알려졌다. 진실은 드러나지 않았고 제보자만 압박당하는 상황이 이어졌다. 이를 보다 못한 범대위가 제보자를 보호하는 차원에서 현대건설 비자금 사건 고발을 취하하는 것으로 끝이 났다. 정 사장이 작심하고 제보한 비자금 사건은 빛을 제대로 보지 못했다.

[또 다른 증언] 검은돈의 종착지는 어디일까

4대강 사업 한강 공구에서만 비자금 의혹이 묻힌 것은 아니었다. 당시 대구지검도 4대강 사업 낙동강 24공구 칠곡보에서 대우건설이 공사비 부풀리기를 통해 수백억대 비자금을 조성했다는 사건을 수사했지만 실체를 밝히지는 못했다. 하지만 송찬흡 건설노조 대구경북건설기계지부장은 〈삽질〉 제작팀 이승훈 기자에게 당시 낙동강 공구의 상황을 다음과 같이 증언했다.

"우리에겐 정해진 하루 일당이 있습니다. 덤프트럭으로 하루 10시간 일했을 때 35만 원, 45만 원 선이죠. 한 달 30일을 꼬박 해봐야

1000만 원을 법니다. 그런데 월말에 잡힌 세금계산서를 보면 3000만 원이 적혀 있어요. 우리가 이런 허위 세금계산서대로 벌었다면 부자 됐을 겁니다. 하지만 매월 2000만 원씩 업자들에게 되돌려주면 1000만 원만 남습니다. 덤프트럭은 한 공구당 수백 대가 들어갔어요. 하루에 쌓이는 비자금의 규모, 상상이 가시나요?"

송찬흡 지부장과 제보자 정 씨의 말처럼 비자금이 조성됐다면 혈세 22조 원 중 수조 원이 업체들의 주머니로 들어간 셈이다. 4대강 사업은 건설재벌들의 '비자금 제조 공장'과 다를 바 없었다. 허위 세금계산서를 통해 부풀린 돈을 되돌려받는 수법도 같았다. 비자금 사건 수사가 진척되지 않고 유야무야 묻히는 결말도 같았다.

〈삽질〉 제작팀은 취재 과정에서 소문으로 떠돌던 여러 비자금 의혹 사건을 추적했다. 이명박 전 대통령의 모교인 포항 동지상고 출신들이 낙동강 사업을 독식했다는 의혹을 확인하려고 포항, 부산 등지를 찾아갔다. 하지만 동지상고 출신 사장들은 모두 "비자금은커녕 공사비조차 건지지 못했다"면서 막대한 손해만 보았다고 입을 모았다.

누가 거짓말을 하는 것일까? 4대강 비자금이 조성됐다면 검은돈의 종착지는 정치권일까? 현대건설· 대우건설 비자금 사건을 수사했던 두 명의 부장검사는 〈삽질〉 제작팀에게 "최선을 다해 수사했다"고 알려왔지만, 그 말을 믿어야 할까? 강제 수사권이 없는 우리에게는 한계가 노정된 취재였지만 그냥 덮기에는 석연치 않은 구석이 너무 많았다.

이명박 전 대통령의 최측근이었던 정두언 전 의원은 2018년 7월 〈삽질〉 제작팀을 만났을 때 다음과 같이 말했다.

"현대건설에서부터 (이명박 전 대통령을) 뒷바라지하던 사람이 토목을 도리(독점)했으니, 엄청나게 돈을 벌었단 이야기도 들었고…… 대충 실세라는 사람들의 행태를 보면 거의 모든 사업에 개입을 하더라고요. 제일 웃기는 게 검찰에선 계좌 추적을 해. 세상에 계좌로 돈을 넣어주는 데가 어디 있어? 다 현찰로 오고 가지. 그 사람들이 4대강을 포함해서 정권 내내 여러 가지 사업에 개입해서 해먹었을 거라고 추정되는데 그 돈을 어디다 쌓아놨는지 나도 되게 궁금해요. 드론으로 추적기를 개발했으면 좋겠어. 산으로 떠다니다가 어디 돈이, 5만 원권이 잔뜩 쌓여 있다, 거기를 급습하면 나오겠지."

운하반대 전국교수모임 상임공동집행위원장이었던 박창근 가톨릭관동대학교 교수는 다음과 같이 말했다.

"이명박 대통령은 건설회사 사장 출신이거든요. 건설회사의 생리를 누구보다 잘 압니다. 비자금을 만들고 관리하는 방법을 잘 알고 있기 때문에 4대강 사업이라는 거대한 공사판을 만들 필요성이 있었다는 거죠. 선거 과정에서는 그것을 빌미로 많은 사람들과 음으로 양으로 접촉을 하면서 지지자들을 늘릴 수가 있었고, 선거가 끝나고 대통령이 됐을 땐 그 사업으로 인해서 모 상고 출신들과 같은 지지자들이 보상을 받을 수 있는 길을 열어놓은 거죠."

[제보자] 불구덩이로 또 들어가야 하나요?

　제보자 정 씨가 나에게 했던 말 중 아직도 생생하게 기억나는 대목이 있다. 나는 이 말을 들었을 때 한동안 말문이 막혔다.

　"기자들은 내 이야기를 듣고 특종 한 건 하면 끝나지만 나는 어쩝니까? 당시 나 때문에 조사를 받은 사람이 다섯 명입니다. 한 명은 자살했고 한 명은 연락이 안 됩니다. 이들에게 그때 그 개고생을 또 하라고 할 수 있나요? 왜 그 불구덩이로 또 들어가야 하나요? (중략) 정권은 바뀌었지만 밑에 있는 놈들은 그대로입니다. 지금 와서 무엇으로 밝힐 수 있나요?"

　그에게 미안했다. 그렇다면 그대로 묻어야 할까? 지금도 4대강 사업의 부역자와 수혜자들은 활개를 치면서 제2, 제3의 4대강 사업을 기도하고 있다. 이를 그대로 둔다면 정 씨와 같은 제보자들은 또 다른 불구덩이 속으로 떨어지고 말 것이다.

꼬리만 자르면
끝인가

—— 말할 수 없는 이름 MB

"몰라요. 담당했던 사람한테 물어봐야지 왜 4대강을 나한테 물어봐요? 저하고는 무관한 이야기입니다. 성질나니까 그런 이야기 하고 싶지 않아요. 아휴, 저는 성질나니까…… 아주 울화가 치미니까…… 이야기 안 할랍니다. 전 4대강과 상관없는 사람이니 아무 이야기도 안 하겠습니다. 그냥 전화 끊겠습니다."

2018년 9월 초 손문영 전 현대건설 전무의 반응은 어느 정도 예상한 바였다. 하지만 '성질' '울화'라는 표현이 예사롭게 들리지 않았다. 이명박 전 대통령이 서울시장으로 재직할 당시 청계천 복원사업을 주도했던 그는 그 뒤로도 최측근으로 활동했다. 그런데 왜 4대강 사업만 생각하면 울화가 치미는 것일까? 오마이뉴스 〈삽질〉 제작팀은 떠올리기 싫은 그의 기억을 강제로라도 소환해야 했다.

[울화] 왜 나한테 물어봅니까

손문영 전 전무는 4대강 사업에 참여했던 건설사들의 공사비 담합을 주도한 혐의로 징역 2년을 선고받고 2013년 9월 구속됐다. 일반적으로 경쟁 입찰 공사의 낙찰률은 예상가액의 65퍼센트 정도다. 공사 발주 기관이 공사의 예상가액을 1000억 원으로 올렸다면 650억 원 정도에서 낙찰이 된다는 이야기다. 건설사들이 이 공사를 따내려면 다른 회사보다 한 푼이라도 적은 금액을 경쟁적으로 써넣어야 하고, 발주처는 이를 통해 공사비를 절감하는 구조다.

하지만 4대강 살리기 사업의 1차 턴키 공사 낙찰률은 평균 93퍼센트였고, 심지어 99퍼센트에 이르는 곳도 있었다. 이렇게 비정상적으로 높은 낙찰률 때문에 1조 원의 세금이 낭비되었다는 비판이 제기됐다. 1차 턴키 공사의 총 공사비가 4조 원이라는 것을 감안할 때 담합이 없었더라면 3조 원만으로도 공사를 할 수 있었다는 말이었다.

〈삽질〉 제작팀은 2018년 9월 29일 새벽 4시 짙은 새벽안개를 뚫고 단풍이 오르기 시작한 설악산으로 향했다. 설악문화제 조직위원장을 지냈던 손문영 전 전무가 매년 산신제에 온다는 말을 들었기 때문이다. 하지만 그는 이날 나타나지 않았다. 그 뒤에도 재경 속초 시민회 모임에 나올지도 모른다는 소리를 듣고 동해안으로 달려갔지만 역시 허탕이었다.

그를 만나면 꼭 던지고 싶은 질문이 있었다.

4대강 공사에 참여한 건설사들의 공사비 담합을 사실상 MB가 지시한 겁니까?

[VIP] 포기하지 마라

근거 없는 질문은 아니었다. 법원은 4대강 턴키 공사 입찰 당시 벌어진 건설재벌들의 담합을 현대건설 손 전 전무가 주도한 것으로 판결했다. 하지만 MB 정부 측 인사는 단 한 명도 사법 처리를 받지 않았다. 정부는 사전에 건설사들의 담합을 몰랐다는 이유에서였다. 과연 그랬을까? 우리는 이 질문의 답만 들으면 그가 신경질적인 반응을 보인 이유도 알 수 있을 것 같았다.

〈삽질〉 제작팀은 공정위와 감사원의 조사 기록을 뒤졌다. 당시의 국정조사 기록에서 실마리를 찾아보려고 국회도 들락거렸다. 그러던 중 어느 국회의원 보좌관이 문서 한 쪽을 문자 메시지로 보내왔다. 2013년 10월 15일 국회 법제사법위원회의 국정감사 속기록 56쪽, 거기에 손문영 씨가 등장했다.

> 대운하 포기 선언 이후 시점에 현대건설 손문영 전무가 장석효 도로공사 사장이자 인수위 시절 한반도 대운하 TF 팀장에게 '현대 컨소시엄을 해체해야 하느냐?'고 문의하자 장석효 사장은 그 자리에서 바로 VIP에게 전화를 합니다. 그리고 VIP하고 통화한

후에 '포기하지 말라'고 하여 현대 컨소시엄은 그대로 유지됐다고 하는 것이 현대건설 손문영 전무의 진술입니다. 장석효 도로공사 사장이 지금 서울중앙지검에 4대강 공사 관련해서 구속됐습니다.

[불법 담합] MB의 지시

이 발언은 민주당 이춘석 의원이 당시 김영호 감사원 사무총장에게 던진 질의 내용 가운데 일부였다. 그 속에 손문영 전무의 이름이 등장했다. 오마이뉴스는 2018년 10월 15일 이춘석 의원을 만나서 당시 발언의 취지를 들었다.

"국정감사 때 (저는) 감사원이 4대강 사업을 감사할 당시 관계자들을 조사하면서 작성한 문답서를 열람했죠. 손문영 전 전무가 감사원 조사관의 질문에 답변한 문답서를 보니 담합의 시작을 짐작할 수 있는 진술이 있었어요. 담합을 주도했던 현대 컨소시엄의 해산 여부를 물었더니 장석효 씨가 그 자리에서 이명박 대통령에게 전화를 걸어서 물어본 뒤에 해산하지 말라고 했다는 겁니다.

대운하 사업 때 만들었던 민자 컨소시엄은 이 전 대통령이 운하 포기 선언을 한 뒤에 해체해야 할 조직이었죠. 4대강 사업은 민간투자 사업이 아니라 국민 세금으로 진행하는 재정사업으로 바뀌었기 때문입니다. 그런데 이 전 대통령의 지시로 현대 컨소시엄을 유지했다는 게 손 전무의 말이었습니다."

이렇게 유지된 현대 컨소시엄은 불법 담합의 본거지였다. 상위 5개사인 현대 컨소시엄(현대건설, 대림산업, 대우건설, 삼성물산, GS건설)과 SK 컨소시엄(SK건설, 포스코건설, 현대산업, 금호산업, 롯데건설), 여기에 9개사(한화건설, 두산건설, 쌍용건설, 한진중공업, 코오롱글로벌, 경남기업, 동부건설, 계룡건설, 삼환기업)가 더 모여 19개 건설사 협의체를 구성했다. SK 컨소시엄은 한반도 대운하 포기 선언 이후 해산했다가 다시 결합했다. 이들은 서울 한남동에 합동사무실을 차려 턴키 공사 입찰가를 담합하고 지분을 나누는 회의를 했다. 당시 6개사를 중심으로 운영위원회가 구성됐는데 손문영 씨는 이 모임을 주도한 운영위원이었다.

손 전 전무가 '현대 컨소시엄을 해산하지 말라'는 MB의 말을 전해 들은 뒤에 추진한 일들이다. 손 전 전무가 당시 감사원 조사관에게 장석효 씨가 전한 MB의 말을 듣고 컨소시엄을 유지했다고 진술한 것은 불법 담합을 혼자 주도한 것이 아니었다는 점을 강변하고 싶었기 때문은 아닐까. 불법 담합의 죄를 혼자 뒤집어쓰는 것이 억울했던 것이다.

[꼼수] 국민은 두 번 속았다

손 전 전무의 심정을 이해하려면 현대 컨소시엄이 구성된 상황을 좀 더 자세히 알아봐야 한다. 이명박 전 대통령의 인수위 시절로 시계를 돌려보자. 2007년 12월 28일 대통령직 인수위원회 한반도 대운하 TF 팀장이었던 장석효 씨는 상위 5개 건설사 대표들과 조찬 회동을 했다. 이명박 대통령이 당선된 지 9일 만이었다.

이 자리에서 장 팀장은 한반도 대운하 사업이 민간투자 사업이라는 것을 강조하면서 대형 건설사들이 적극적으로 참여해줄 것을 요청했다. 보름 뒤인 2008년 1월 14일 조찬 회동에 참석했던 5개사는 경부운하 건설사업 공동추진협약서에 날인했고, 2월 11일 추가로 8개 건설사가 협약서에 날인하면서 대운하를 위한 컨소시엄이 발족했다.

이들은 서울 강남에 합동사무소를 차려놓고 대운하 사업 제안에 필요한 연구용역을 진행하고 보고서를 작성했다. 두세 달 사이에 용역비만도 수백억 원을 썼다. 물론 운하 사업이 차질 없이 진행됐다면 이 컨소시엄을 유지하는 것이 당연했다. 하지만 이 전 대통령은 2008년 6월 19일 광우병 촛불 시위에 무릎을 꿇으면서 한반도 대운하 포기를 선언했다.

손 전 전무가 장석효 씨에게 컨소시엄 해체 여부를 물었던 것도 이때 즈음인 것으로 짐작된다. 하지만 이 전 대통령은 민자 유치를 전제로 결성되었던 현대 컨소시엄을 유지하라고 한 채 4대강 사업을 국가 재정사업으로 강력하게 밀어붙였다. 물론 이 전 대통령뿐만 아니라 정부 고위 관료들도 운하는 포기했으며 강을 정비만 하겠다고 강변했다.

하지만 감사원은 2013년과 2018년 감사에서 4대강 사업이 운하 전 단계 사업이라는 결론을 내렸다. 이명박 정부는 4대강 사업으로 강과 경제를 살리겠다고 호언장담했지만 '녹조라떼의 강'을 만든 데다가 경제를 살리지도 못했다. 홍수와 가뭄을 예방하겠다고 했지만 아직까지 효과는 '제로'다. 4대강 본류는 애당초 홍수와 가뭄이 발생하는 지역이 아니었기에 당연한 일이었다.

건설업체들은 손도 대지 않고 코를 풀었다. 이 전 대통령은 "세금 한 푼 들이지 않고 민자 사업으로 골재를 팔아서 한반도 대운하를 건설하겠다"고 했지만 4대강 살리기 사업이라는 간판을 달면서 국가 재정사업으로 둔갑했다. 한반도 대운하 사업이 그대로 진행됐다면 4대강의 수심을 6미터로 파고 16개의 보를 세우는 운하 1단계 사업 공사비는 대운하 컨소시엄의 몫이었을 것이다. 하지만 이것을 국민 세금으로 대체해버렸다.

[돈 잔치] 감춰진 진실

이 전 대통령은 왜 이런 사기극을 벌인 것일까? 대부분의 국민들은 한반도 대운하에 대한 반대 여론이 심했기 때문인 것으로 알고 있다. 이 전 대통령이 후보이던 시절에도, 대통령에 당선된 뒤에도 한반도 대운하 반대 여론은 70~80퍼센트에 달했다. 그러나 〈삽질〉 제작팀이 취재한 결과 그는 오로지 국민이 무서워서 4대강 사업이라는 꼼수를 생각해낸 것은 아니었다.

앞서 언급된 국회 법사위 국정감사 속기록 35~36쪽에 걸쳐 있는 김영호 전 감사원 사무총장의 말 속에 진실이 들어 있다.

> 그러니까 대운하 팀의 최종적인 안은 준설과 보는 재정사업으로 한다, (즉) 국가가 한다, 갑문과 터미널, 그다음에 기존 교량의 개축은 민자 사업으로 한다고 했습니다.

이 전 대통령은 그해 6월 광우병 촛불집회에 굴복하면서 한반도 대운하 포기를 선언했지만, 실제로는 이미 그 전부터 운하 건설을 위한 민자 컨소시엄은 자체적으로 경제성이 없다고 판단했던 것이다. 이춘석 의원은 당시 국감에서 감사원 문답서에 기록된 내용을 언급하면서 이렇게 말하기도 했다.

"(당시 대림산업의 전무였던 사람에게) '정부가 민자를 포기하고 재정사업으로 변경한 사유를 아느냐'고 묻자 이 사람이 이렇게 답하더군요. '업체들이 민자로는 사업성이 없다는 의견을 현대를 통해 정부 측에 전달했고 그래서 국가 재정사업이 된 것이다.' 즉 정부 시책이 변한 이유가 바로 업체들의 요구 때문이었던 겁니다."

이 의원은 또 "공정위의 조사 기록에도 '대통령이 사업 중단을 발표하기 전에 현대가 14개사를 소집한 자리에서 재정사업으로 바뀔 것임을 알렸다'는 내용이 있다"고 했다.

결국 4대강 사업은 대운하의 꿈을 포기하지 못한 이 전 대통령과 골재를 팔아서는 공사비도 건질 수 없다고 버티던 민자 컨소시엄이

밀실에서 담합한 결과물이기도 한 셈이다. 자기들이 치러야 할 운하 사전 공사비를 세금으로 대납하게 만든 건설업체들은 돈 잔치를 벌였다.

[강한 부정] 기억도 없다

〈삽질〉 제작팀은 이 같은 사실을 확인하려고 장석효 전 도로공사 사장에게 여러 번 접촉하면서 인터뷰를 요청했다. 하지만 그는 "4대강 사업에 대해 할 말이 없다"면서 연거푸 인터뷰 요청을 거절했다. 결국 우리는 사흘 동안 그의 집 앞에 취재차를 대놓고 뻗치기를 했다. 2018년 11월 29일 오전 서울 강남의 자택에서 나오는 그를 쫓아가 말을 걸었다.

4대강 사업 불법 담합, 이명박 전 대통령이 지시한 것 아닌가요?

"대통령이 그렇게 할 일이 없나요? 나는 모르지만 그런 게 뭐 대통령이 시키고 그럴 일이에요? 상식적으로 생각해도 그럴 수는 없지요."

손문영 전 전무의 문답서에 따르면 현대 컨소시엄 해체 여부를 장 사장님께 물었을 때 이명박 전 대통령에게 전화를 걸어 통화하고 나서 '유지하라'는 뜻을 전했다는데 사실인가요?

"기억도 없지만 내가 전화를 한다는 게 상식적으로 이야기가 됩니까? 내가 어떻게 현직 대통령과 전화하고 그래요. 뭐, 친구인가?

그건 이야기가 안 되지."

이 전 대통령이 한반도 대운하 포기 선언을 한 뒤에도 현대 컨소시엄이 유지됐습니다. 국가 재정사업으로 넘어갔기에 해체되어야 했는데 컨소시엄이 유지된 이유를 아시나요? 거기에 개입한 적은 없습니까?

"그게 유지된 이유는 나는 몰라요. 내가 관여할 수도 없었고."

한반도 대운하 사업을 추진할 때 현대 컨소시엄이 사업계획서를 제출했나요?

"못했을 거예요. 할 수가 없지. 한반도 대운하를 안 했잖아요."

골재를 팔아서는 공사비를 건질 수 없다고 컨소시엄 업체들이 청와대에 이야기를 했다고 하던데요. 현대 컨소시엄이 한반도 대운하는 사업성이 없다고 결론을 내린 것으로 알고 있습니다.

"그건 나도 손 전무에게서 들은 것 같아요. 하지만 내가 하라 마라 할 수는 없었지요."

그러면 결국 한반도 대운하에서 4대강 사업으로 바꾼 이유는 컨소시엄 업체들이 사업성이 없다고 판단했기 때문은 아닌가요?

"그건 아닐 거예요. 그게 말이 됩니까?"

이날 장 전 사장은 절반만 인정하고는 지하철을 타러 갔다. 손 전 전무의 문답서에 있었던 'MB와의 통화' 내용은 "기억도 없다"고 말했고, 현대 컨소시엄이 한반도 대운하 사업에 대해 사업성이 없다고 판단했던 것은 인정했다.

그렇다면 MB 정부는 건설사들의 불법 담합 사실을 몰랐을까? 이

제 다시 울화가 채 가라앉지 않은 손 전 전무의 이야기로 되돌아가 보자. 2013년 8월에 발표된 감사원의 '4대강 사업' 보고서 86쪽에 있는 한 장의 문건을 보면 손 전 전무가 최근까지도 성질이 나는 이유를 짐작할 수 있다.

이 문건은 2009년 8월 26일 국토부가 대한토목학회 등 16개 기관에 보낸 '추천 평가위원 기피대상 여부 및 설계심의 참여실적 조회'라는 공문에 첨부된 '4대강 건설공사 등록사 현황' 파일이다. 이 파일에는 1차 턴키 공사에 등록된 건설업체 중 낙찰된 업체가 모두 진한 글씨체로 표시되어 있다. 이 파일을 입수한 감사원은 당시 "국토부가 이 문건 등을 통해 턴키 담합을 충분히 파악할 수 있었을 것으로 예상한다"고 밝혔다.

우리는 손문영 전 전무와 전화 통화를 하고 4개월쯤 지난 2018년 12월에 그를 만났다. 손 전 전무는 건설사들의 담합 사실은 인정했지만 당시 공사로 손해를 봤다고 말했다. 또한 컨소시엄 해체 여부를 장석효 씨에게 물었고 당시 그가 누군가에게 전화를 걸었다는 사실도 시인했다. 장 씨는 "기억이 나지 않는다"고 말했지만 손 전 전무는 기억을 하고 있었던 것이다.

하지만 손 전 전무는 "MB에게 직접 전화를 건 게 아니라 그 밑에 있는 사람과 통화했을 것"이라고 말했다. 어쨌든 손 전 전무가 불법 담합의 저수지 역할을 한 컨소시엄을 해체하지 않은 것은 그것이 MB의 의중이라고 판단했기 때문일 가능성이 크다.

손 전 전무가 '성질나는 이야기' '울화가 치민다' 같은 말을 〈삽질〉 제작팀에게 반복해서 했던 것은 지금도 억울하다는 뜻이리라. 이명박 전 대통령의 4대강 사업 사기극 때문에 강도 망가지고 세금도 뜯긴 국민들을 위해서 진실은 끝까지 밝혀져야 한다.

1부

삽질

22조짜리 대국민 사기극

2부

추격

죽이는 자와 살리는 자

── 3부 ──

검은 강

탐욕의 소용돌이에 맞서다

4부

지키는 자

4대강 현장, 그 12년의 저항과 기록

5부

흐르는 강을 위하여

민주주의의 귀환

사람과 생명,
평화의 길을 찾아서

―― 진실을 향한 목소리

첫 문장이 거짓이라면 그 글은 통째로 거짓일 가능성이 높다. 어쩌다 사실 몇 조각이나 진솔한 감정이 섞이기도 하지만, 그건 거짓을 사실로 가장하기 위한 도구이다. 이명박 전 대통령이 2018년 3월 22일 구속되기 직전 페이스북에 올린 첫 문장은 이렇게 시작한다.

지금 이 시간 누굴 원망하기보다는 이 모든 것은 내 탓이라는 심정이고 자책감을 느낀다.

제대로 된 글이라면, 그는 다음 문장부터 '자책감'의 실체를 적어야 했다. 하지만 "기업에 있을 때나 서울시장, 대통령직에 있을 때 나름대로 최선을 다했다"며 자화자찬을 시작했다. 이 전 대통령은

'내 탓'이라고 말했지만 "(지난 10개월 동안) 가족들은 인륜이 파괴되는 아픔을 겪고 있고 휴일도 없이 일만 했던 사람들이 나로 인해 고통받는 것"을 검찰의 '보복수사' 탓으로 돌렸다.

바라건대 언젠가 나의 참모습을 되찾고 할 말을 할 수 있으리라 기대해본다. 나는 그래도 대한민국을 위해 기도할 것이다.

위의 마지막 문장도 뻔뻔한 것이다. 자기가 부당한 탄압을 받고 있기에 '할 말을 할 수 있는 날'을 기다리겠다는 뜻이다. 하지만 그는 대한민국을 위해 기도할 게 아니라 다스 실소유주 문제를 비롯해 재임 시절에 받은 뇌물을 실토하고 용서를 구해야 한다. 이게 자기 '참모습을 되찾는' 길이며 정의로운 대한민국을 위해 기도하는 일이다.

이 글을 보면서 10년 전에 만난 또 다른 첫 문장이 떠올랐다.

세상에서 가장 낮은 자세로, 이 땅의 품에 안기고자 합니다.

2008년 9월 4일 당시 화계사 주지이자 불교환경연대 상임대표였던 수경 스님이 오마이뉴스에 보낸 '사람의 길을 찾아서 기어가겠습니다'의 첫 문장이다. 지리산 노고단에서 출발해 계룡산 신원사에 이르기까지 석 달간 200킬로미터 구간을 문규현 신부, 전종훈 신부와 함께 오체투지로 순례하기 직전에 보낸 글이다.

이 전 대통령은 '남 탓'을 은연중에 드러냈지만, 그와 대척점에 섰던 수경 스님은 대놓고 죽비 소리를 늘렸다. 그는 이 글에서 "현 정부의 권위주의적 국정 운영 방식이 민주주의와 생태, 인권의 위기는 물론 종교 간 대립까지 부추겨 국민 통합을 해치고 있다"면서 한반도 대운하와 4대강 사업, 광우병 사태, 용산 참사 때 '불통 대통령'이 보여준 행태를 성토했다.

이 전 대통령은 "자책감을 느낀다"면서도 11개 문장을 통틀어 자기가 잘못한 게 무엇인지를 적지 않았다. 하지만 수경 스님은 탐욕스러운 최고 권력자의 잘못을 지적하면서도 '내 안의 이명박' '우리 안의 이명박'에 대한 참회의 뜻을 밝혔다. 그를 대통령에 당선시킨 것은 '국민을 부자로 만들어주겠다'는 말에 속은 우리들이라는 것이다.

나의 오체투지는 참회와 기도입니다. (중략) 나는 나의 기도가 세상을 바꿀 수 있으리라고 생각하지 않습니다. 다만, 나를 바로 세울 수 있기를 간절히 발원할 따름입니다.

수경 스님은 이 글을 보낸 뒤 지렁이와 자벌레처럼 땅바닥을 기었다. 온몸으로 참회의 글을 썼다. 진실한 글도 있지만 행동만큼 진실한 건 없다.

[삶과 죽음] 인간의 품위와 양심

2008년 10월 17일, 오마이뉴스는 충남 논산을 지나는 오체투지 행렬을 생중계했다. 다른 언론들이 침묵하는 상황에서 종교인들의 묵언수행을 알린다는 취지였지만, 카메라를 들이대면서 취재만 하려니 몹시 민망했다. 수경 스님과 문규현 신부의 행렬 뒤쪽에서 반나절 동안 함께 기었다.

합장한 상태에서 대여섯 발짝을 떼고는 무릎을 꿇었다. 양손을 풀고 바닥을 짚은 뒤 팔꿈치를 땅에 댔다. 엎드린 상태에서 이마까지 땅에 내려놓는 오체투지(五體投地). 죽비 소리가 울리면 3초 뒤에 일어나 같은 동작을 반복했다. 더운물을 끼얹듯 검은 아스팔트 열기가 얼굴을 감쌌다. 누군가가 흘린 기름 냄새가 코를 찔렀다. 음식점 앞에선 구정물 위에 몸을 얹었다.

속도를 늦췄더니 아스팔트 위의 삶과 죽음이 보였다. 자벌레가 오체투지로 기어갔다. 타이어에 수천 번 깔렸을 뱀의 주검을 피해 몸을 눕혔다. 아스팔트 갈라진 틈에서 푸른 싹이 움텄다. 땀방울이 그 위로 떨어졌다. 반나절을 기었는데 2킬로미터도 나아가지 못했다. 자동차와 덤프트럭은 매연을 뿜으며 시속 70~80킬로미터로 달렸다. 그 속도는 내 온몸을 뒤흔들었다. 나보다 작은 미물들은 어땠을까?

나는 잠깐이었지만 종교인들은 100일이 넘도록 고행의 순례를 이어갔다. 이보다 앞선 그해 2월에도 수경 스님은 한반도 대운하 사업을 반대하면서 100일 동안 4대강을 도보로 순례했다. 수경 스님은 '생명의 강을 위한 연합 방생 법회 및 수륙제'에서 발표한 법문을 통해 당시 순례에 나선 이유를 다음과 같이 말했다.

"우리는 할 수 있는 일이 없습니다. 법 절차도, 국민 여론도 무시하고 막무가내로 공사를 강행하는 정부를 상대로 아무런 할 일이 없습니다. 참회와 기도와 통곡 말고는 할 게 없습니다. 그렇습니다. 오늘 우리의 법회는 통곡입니다. 생명과 자연에 대한 감사와 존경을 잃어버린 죽음의 시대에 바치는 조사입니다. 이것이라도 하지 않으면 우리는 인간으로서 최소한의 품위와 양심을 지킬 수 없을 것입니다."

이명박 전 대통령이 무소불위의 권력을 휘두르던 정권 초기였다. 수경 스님은 이에 맞서서 도보 순례 중에도 한반도 대운하 사업에 대한 이 전 대통령의 탐욕을 향해 사정없이 죽비 소리를 날렸다. 그는 그해 3월 경북 문경 봉암사에서 열린 법회에서 이렇게 말했다.

"한반도 대운하는 돈의 노예가 된 우리 사회에 유포된 거짓 복음의 결정판입니다. 5년 정권을 위해서 국토의 근간을 허물고 지속 가능한 미래의 희망을 탕진하는 반경제적 도박입니다. 대운하는 경제를 빌미로 국민의 복종을 강요하는 신개발독재적 발상입니다. (중략) 돈이 말을 하기 시작하면 정의가 설 자리를 잃는다 했습니다. '삶의 질'을 내팽개친 천박한 자본 논리는 지속 가능한 경제적 동력까지 탕진할 것입니다."

하지만 이명박 정권에서는 돈이 말을 했다. 그의 구속영장에 적힌 100억 원대의 뇌물이 그 징표이다. 돈이 불법을 지시했다. 이에 반기를 든 인사를 사찰하면서 민주주의 시스템도 훼손했다. 한반도 대운하 사업의 이름을 4대강 사업으로 바꿔 공사를 강행했다. 4대강 사업과 관련된 것으로 밝혀진 뇌물은 5억 원에 불과할 뿐, 아직 돈이 말을 한 정황은 제대로 드러나지 않았다.

수경 스님은 당시 법회에서 "이명박 대통령이 실패한 대통령으로 기억되지 않기를 진심으로 바란다"고 말했지만, 순례자의 고언을 저버린 그는 결국 10년 뒤에 구속됐다.

[정의] 돈과 일등에 몰두하는 사회

오체투지가 지향한 것은 '사람과 생명, 평화의 길'이었다. 수경 스님과 함께 문규현 신부도 "다리 불편한 스님과 늙은 사제"가 순례의 길을 떠나는 이유를 적은 글을 2008년 9월 4일 오마이뉴스에 보내 왔다. 문 신부가 쓴 '천지간에 불통, 사방이 명박산성… 늙은 신부는 오체투지로 저항합니다'의 첫 문장은 다음과 같았다.

진리가 너희를 자유롭게 하리라.(요한 8:32)

문 신부는 오체투지를 떠나는 이유에 대해 다음과 같이 말했다.

저는 이명박 대통령의 통치이념과 정치행태에 오체투지로 항의하고 저항합니다. 저들이 숭배하는 경쟁과 실용으로 보자면 극단적으로 바보스럽고 누추합니다. 그러나 오로지 돈과 일등놀이에 몰두하는 사회에는 결코 희망이 없음을, 성공 지상주의와 이기심이 뒤덮은 사회는 죽은 공동체임을 이 터무니없어 보이는 몸짓으로 분명히 말하고자 합니다.

천지간에 불통이고 사방이 '명박산성'입니다. 정권 스스로 무법 탈법이요 공권력을 앞세우지 않고선 그 무슨 일도 행하질 못하는 지경입니다. 순식간에 모든 것이 20년 전, 30년 전으로 되돌아갔습니다. 이명박 대통령이 더 추해지고 초라해질 자멸의 길을 그만 가길 기도합니다.

하지만 이 전 대통령은 '더 추해지고 초라해질 자멸의 길'을 걸었다. 문 신부는 당시 잦아든 광우병 촛불이 언젠가는 횃불로 변할지도 모른다고 경고하기도 했다.

민심은 천심입니다. 촛불은 조용히 불씨요 홀씨가 되어 번지고 있습니다. 어느 순간 들불이 되고 횃불이 될 것입니다. 바람이 불면 풀은 반드시 눕지만 바람 속에서도 풀은 다시 일어섭니다(草上之風草必偃 誰知風中草復立).

문 신부의 경고는 10년도 지나지 않아 현실이 됐다. 2016년 10월

박근혜 전 대통령의 국정농단 사실이 드러나면서 그 불씨가 되살아났다. 들불처럼 번졌고 횃불로 커졌다. 박근혜 탄핵 촛불은 계속 타올라 이명박 전 대통령도 삼켰다. 탐욕에 눈이 멀어 사적 이득을 취한 그를 속박하는 것이 문 신부가 말한 진리이고 정의였다.

[기도] 죽음의 길을 통과해야

2018년 3월 12일 밤 천주교 전주교구 서신동 성당에서 문규현 신부를 만났다.

"오체투지는 기도였죠. 생명의 길, 사람의 길, 평화의 길을 찾아가는 수행이었습니다. 당시 화두는 소통이었어요. 소통의 부재로 나타난 대표적 현상이 한반도 대운하였고 광우병 파동이었죠. '명박산성'으로 상징되는 정권의 폭력적 진압은 용산에서 무고한 사람들의 목숨도 앗아갔어요. 물은 흘러야 하고 생명은 서로의 공감과 배려 속에서 함께 사랑하면서 살아가야 하는데 그러지를 못했던 거죠.

이런 사회적 현상을 바꾸지 않으면 우리의 미래와 희망이 없다고 생각해서 떠난 길입니다. 누구를 탓해서만 해결될 일은 아니었죠. 우리 안에 공범자의 모습이 내재되어 있었단 말이죠. 사람의 길이 무엇인가, 생명의 길, 평화의 길이 어디에 있는가에 대한 성찰만이 우리의 미래를 정화할 수 있다고 생각했어요."

문 신부는 아스팔트 위에서 수많은 로드킬을 보면서 4대강 사업의 악몽을 떠올렸다고 했다. 그는 "4대강 사업으로 죽어갈 생명들은 우리의 죽음이고 사회적 죽음"이라고 동일시하면서 오체투지 순례를 통해 깨달은 것이 있다고 했다.

"아스팔트의 틈에서도 생명이 움트고 있더군요. 나의 땀방울 하나로 생기를 얻는 작은 미물들을 보았습니다. 내 고통이 무가치한 게 아니라 서로의 생명을 약동케 하는 힘이라는 생각을 했습니다. 그 수행과 고통을 통해서 큰 힘을 얻은 거죠. 고통을 통해서 탐욕과 분노, 무지에 대한 성찰이 시작될 수 있다는 겁니다."

문 신부가 말한 성찰의 전제는 자성과 함께 진실 규명이다. 그는 "4대강 토목공사에 대한 진상 규명이 제대로 되지 않는다면 잘못된 역사는 반복될 것"이라면서 다음과 같이 말했다.

"탐욕은 죄를 낳고 죄는 죽음을 가져왔습니다. 어느 개인의 죽음이 아니라 세상의 죽음이죠. 이명박의 비리를 조사해 책임을 묻고, 나아가 돈을 환수하는 것은 사회적 증오가 아니라 사회적 갈등 해소를 위해서 필요한 일입니다. 사회적 무관심을 넘어 공감과 배려의 사회로 나아가려면 우리는 이 죽음의 길을 통과하지 않으면 안 됩니다."

[수인번호 716] 옥중 조사 거부

2018년 3월 26일 오전 휴대폰 진동 벨이 울렸다. 연합뉴스 속보

알림이었다.

"MB '공정한 수사 기대 어려워' 옥중 조사 거부"

'수인번호 716'은 구속된 지 며칠 만에, 내 탓이라고 자책한 글이 거짓임을 온몸으로 시인한 셈이다. 수경 스님과 문규현 신부의 절절한 글이 100여 일간의 고행으로 그 진실성이 강화됐듯 이 전 대통령의 거짓된 글 또한 행동으로 그 실체가 증명되었다. 반성조차 하지 않는 그는 마땅히 법적 처벌을 받아야 한다. 그게 두 전직 대통령을 동시에 감옥에 가둔 탄핵 촛불의 뜻이고 정의이다.

10년 전에 이런 일을 예견한 '다리 불편한 스님과 늙은 사제'는 지렁이처럼 땅바닥을 기면서도 한발 더 나아갔다. '내 안의 이명박'을 지우기 위한 성찰이었다. 이를 위해 우리의 속도를 잠시 늦추자. 뒤를 돌아보고 옆도 둘러보면서 사람과 마주하자. 그러지 않는다면 탐욕의 상징인 '제2의 이명박'이 다시 출현할지도 모른다.

아, 4대강!
아, 死대강!

— 거대악과 싸우는 1인 미디어

"지난주에 검사가 징역 5년을 구형했어요. 나를 감옥에 넣겠다는 거네요."

2018년 5월 3일 환경운동가이자 오마이뉴스 시민기자인 최병성 목사에게서 짧은 문자가 왔다. 징역 5년. 이날 검찰이 남재준 전 국정원장에게 구형한 것과 같은 형량이었다. 그가 무슨 죄를 지었기에 박근혜 정부 시절 국가정보원이 '댓글 사건' 수사와 재판을 방해한 혐의의 죗값과 맞먹는 것일까?

최 목사에게 전화를 걸어 자초지종을 들었다. 2014년 4월 경기도 용인의 한 아파트로 이사한 뒤 주민 편에 서서 제조·화학업체 A사와 맞서면서 비롯된 일이었다. 주민들은 그 이전부터 A사가 설립하려는 콘크리트 혼화제 연구소가 한 초등학교 앞산(부아산)에 건축되는 것을 반대해왔다.

주민들은 그동안 산업 쓰레기를 섞어 만든 시멘트의 유해성을 취재해온 최 목사가 동네로 이주해 왔다는 소식을 듣고 도움을 요청했다. 최 목사가 주민들과 함께 A사가 받은 환경영향평가의 문제점 등 각종 의혹을 제기하자 A사는 최 목사를 업무방해와 명예훼손 혐의로 고소했다. 검찰은 4월 26일 수원지방법원 결심공판에서 최 목사에게 징역 5년을 구형했다.

이날 최 목사는 페이스북에 이 소식을 알렸다. 여기저기에서 위로 전화가 폭주했다. 교육 시민단체인 '사교육걱정없는세상'과 개신교 시민단체인 '기독교윤리실천운동(기윤실)'은 '환경운동가 최병성 목사 무죄 판결 탄원' 운동을 시작했다. 하루 만에 5000여 명이 서명했다. 사교육걱정없는세상 송인수 대표와 기윤실 자문위원장인 손봉호 서울대 명예교수, 조희연 서울시교육감, 곽노현 전 서울시교육감, 이만열 전 국사편찬위원장 등이 참여했다.

"서명에 참여한 분들이 남긴 의견도 많았는데요. '최병성은 무죄다' '최병성은 환경과 아이들을 위한 공익을 실천했는데 벌이 아니라 상을 줘야 할 사람이다' '징역 5년? 검찰이 정신 나갔다' 등의 말을 남겼더군요."

일주일 뒤에 만난 최 목사는 "많은 분들이 응원하고 서명에도 참여해 감동을 받았다"면서도 검찰이 자신에게 5년을 구형한 것의 부당함을 호소했다. 나는 그의 인터뷰 기사를 오마이뉴스에 올렸고 며칠 뒤에 그는 1만여 명의 서명이 담긴 탄원서를 법원에 제출했다.

5월 24일 그에게서 전화가 왔다.

"오늘 무죄판결 받았습니다. 지금 법정에서 나오는 길인데, 판사의 판결을 들으면서 울컥했어요. 조목조목 아름다운 판결이었습니다. 작은 동네에서 환경을 파괴하는 기업들에 맞서 싸우는 건 너무 힘이 들어요. 아름다운 판사가 저와 같은 사람들에게는 귀감이 될 만한 좋은 판결을 내렸어요."

1심 법정은 결국 그의 무죄를 선고했고 그날 저녁 동네 사람들은 '최병성 목사 무죄를 축하합니다'라는 현수막을 걸고 잔치를 벌였다. 그는 최선을 다해 의미 있는 싸움을 벌이면서 작은 승리를 축적해가고 있지만 나는 이런 그를 볼 때마다 안타까웠다.

"목사님, 언제쯤 끝나나요?"

그와 통화할 때면 나는 늘 조심스럽게 물었고 그는 "거의 끝나간다"고 말했다. 나는 그가 4대강 사업에 대한 비판 기사를 쓰지 못하고 있는 것이 안타까웠다. 그는 언론들이 4대강 사업에 대해 침묵하던 이명박 정권 시대의 '1인 군대' '1인 미디어'였다. 소속 교회도 없고 목회도 하지 않는 목사를 위해 1만 명이 넘는 사람이 탄원서에 서명한 것은 그의 이런 이력 때문이었다.

최 목사를 처음 만난 건 2009년 8월 말 서울 광화문의 한 음식점에서였다. 재야의 고수인 5~6명의 파워 블로거가 한자리에 모였다. 최 목사는 그중에서도 독보적인 존재였다. '쓰레기 시멘트 재벌'과 맞짱을 떠서 승리하기도 했고 강원도 비경인 서강에 쓰레기매립장이 들어서는 것을 막기도 했다. 환경단체나 언론에 소속되지 않앉던 그는 '나홀로 전투'를 했다. 이날 그에게 말했다.

"목사님, 이제부터 오마이뉴스에 글을 올려주세요."

[생명] 강은 흘러야 한다

4대강 현장뿐만 아니라 독일과 미국 등 해외 취재를 통해 이명박 후보의 제1공약 한반도 대운하 비판 기사를 써왔던 나는 그즈음 오마이뉴스 편집국장을 맡았다. 데스크에 앉아 있어야 했기에 발이 묶인 나는 그날 처음 본 최 목사에게 4대강 사업 연재기사를 써줄 것을 제안했다. 직업기자가 시민기자에게 바통을 넘긴 것이다.

그의 화력은 상상을 초월했다. 기본 조회 수가 20~30만이었다. 많게는 한 개 기사가 100만 조회 수를 넘었다. 독자들이 십시일반 모아주는 '좋은 기사 원고료'도 주렁주렁 달렸다. 전국을 누비며 강의한 횟수만도 1년에 150여 회에 달했다. 그는 죽어가는 4대강에 십자가를 꽂고 다니는 '4대강 담임목사', 장로 대통령(이명박)과 맞짱 뜨는 '불독 목사'로도 불렸다.

"단체나 조직이 없는 개인이지만 오마이뉴스에 쓴 글이 수십만, 수백만 명에게 영향을 미쳤기에 '1인 군대'라는 별명을 얻었죠. 불독처럼 생기지는 않았는데 한번 물면 끝까지 갑니다. 언론이 진실을 보도했다면 제가 굳이 나설 필요는 없었겠죠. 언론들은 국고를 거덜 내고 국토를 망친 엄청난 사업에 침묵하거나 찬양했습니다."

그래서 나선 거죠."

그는 "성경 어디에도 목사가 교회에만 있어야 한다는 구절은 없다"면서 "하나님이 태초에 천지를 창조하셨다고 했고 에스겔서 47장에는 '강은 흘러야 한다'고 적혀 있다"고 말했다.

"강을 지키는 것은 하나님이 주신 사명입니다. 강에는 수많은 생명들이 깃들어 있습니다. 그 강물을 사람들이 먹습니다. 목사인 제가 당연히 해야 할 일이었죠."

그의 글에서는 항상 현장의 땀 냄새가 진동했다. 그는 오마이뉴스에 '아! 死대강'을 연재할 때 1년에 서너 달은 4대강 현장에서 보냈다. 이 때문에 그의 기사에는 책상머리에서 4대강 사업 찬성 논리를 펴는 사람들을 단칼에 제압할 수 있는 수많은 현장 고발 사진이 등장한다. 그는 지금도 외장하드에 수십만 장의 '총알'을 쟁여놓고 있다.

그의 책장도 마찬가지다. 목사지만 성경보다 4대강 관련 책이 더 많다. 4대강 사업에 대한 정부 보고서와 홍보 책자는 물론이고 자연생태와 관련된 국내외 전문 서적들을 찾아 읽었다. 주머니에 푼돈이 생길 때마다 챙겨둔 자료들이다. 대한민국의 그 어떤 직업기자보다도 탄탄한 그의 4대강 사업 대응논리는 그냥 주어진 게 아니었다.

"아마도 1000여 건 넘게 4대강 기사를 썼을 겁니다. 한 번도 소송을 당하지 않았던 건 현장에서 제가 직접 본 '사실'들이거나 정부의 자료를 샅샅이 훑어서 찾아낸 데이터였기 때문일 겁니다. 수자원공사가 태클을 건 기사가 한 건 있었죠. 낙동강 함안보의 부실 공사로 물받이 보호공이 유실되자 어마어마한 시멘트를 들이부었죠. 제가 '국민들이 먹는 물에 독극물을 들이부었다'는 내용의 기사를 쓰자 언론중재위원회에 제소를 했어요.

언론중재위원장이 '목사가 뭘 안다고 시멘트를 독극물이라고 표현했냐'고 물었습니다. 저는 위원장에게 '저는 시멘트에 관한 한 대한민국의 최고 권위자'라고 말했어요. 그러자 위원장이 저를 제소한 수자원공사 측 변호사에게 '정말인가?'라고 묻더군요. 그 변호사는 '맞다. 그래서 시멘트 공장 사람들이 목사님을 아주 싫어한다'고 말했죠. 중재위원장이 황당한 표정으로 웃었고, 거기서 게임이 끝났죠."

그는 "이명박 전 대통령이 무소불위의 권력을 휘두를 때에도 '4대강 사업은 단군 이래 최대의 사기극'이라고 직설적으로 기사를 쓰곤 했다"면서 "지금까지 제가 멀쩡한 건 사실에 근거해서 진실을 말했기 때문이라고 볼 수 있다"고 말했다.

그는 기사 쓰고 강의하는 일만 한 게 아니었다. 국정감사장도 그의 무대였다.

"환경부 국정감사에 다녀왔습니다. 취재기자가 아니라 4대강 사업의 참고인으로서 국정감사 현장을 하루 종일 지켜보고, 4대강 사업의 홍수 예방, 수질, 생태의 문제점에 대해 증언했습니다."

2009년 10월 6일 열린 환경부 국정감사에 참고인으로 출석한 뒤에 쓴 기사의 첫 대목이다. 제목은 '홍수 피해 막으려면 4대강 사업

서둘러야? 이만의 장관님, 그건 비겁한 거짓말입니다'였다. 당시 그의 옆자리인 증인석에는 이만의 환경부 장관이 앉았다. 일개 시민기자였던 그는 국감장에서 환경부 장관과 나란히 앉아 논쟁을 벌일 정도로 영향력이 있었다.

"물론 이만의 장관은 4대강 사업은 환경을 보호한다는 식으로 거짓 증언을 했습니다. 저는 4대강 사업으로 강물이 썩을 수밖에 없다는 증거들을 가지고 설명했죠. 당시 새누리당 의원들조차도 수긍을 했고 이만의 장관에게 '최병성 목사의 말처럼 잘 관리해서 물이 썩지 않도록 하라'고 말할 정도였어요."

그에게 4대강 사업 찬성론자들의 주장 중 가장 황당했던 게 무엇이냐고 물었다.

"한반도 대운하 홍보 영상을 보면 배가 지나다니면서 스크루가 돌면 산소를 공급하여 물을 맑게 한다는 수질 개선론을 펼칩니다. 하지만 강에는 천연 정수 기능이 있는데 이걸 다 파괴하고 유람선이나 화물선으로 수질을 개선한다는 게 말이 되나요? 지금 강을 막아서 녹조라떼가 되었습니다. 곳곳에서 수억 원짜리 녹조 제거선을 띄우고 밤낮없이 수차를 돌리고 있는데도 여전히 녹조라떼입니다.

두 번째로 황당한 건 이명박 전 대통령이 국민 세금을 한 푼도 들이지 않고 운하를 만들겠다고 한 겁니다. 골재를 팔아서 공사비를 충당하겠다고 했는데 지금도 여주에 가면 경주의 왕릉보다도 더 큰 골재 무덤이 쌓여 있습니다. 바람이 불면 주민들은 고통을 당하고 있고 그 땅의 임대료도 국민 세금으로 나가고 있어요. 이건 대국민 사기극이자 재앙입니다."

[환경] 미래 세대를 위한 유산

그는 누구보다 4대강 현장을 많이 다녔다. 최병성 목사의 눈에 비친 4대강 사업 이전과 이후의 강은 어떤 모습일까?

"4대강 사업은 서울의 한강 같은 모습을 만드는 것이었죠. 서울 여의도 앞에 아무런 쓸모도 없는 물을 가득 채웠습니다. 그 전에는 드넓은 모래밭이 있었고 푸른 습지가 우거졌습니다. 그곳에서 아이들이 뛰어놀았지만 지금은 한강 이곳저곳에 '접근 금지' 표지판이 있습니다. 모래와 자갈을 파내서 깊어진 탓도 있지만, 많은 물이 썩었기 때문이죠. 낙동강의 제1비경은 경천대입니다. 기암절벽과 맑은 물, 모래가 어울린 천하의 절경이었죠. 그런데 모래를 다 파내고 물만 채웠어요. 댐으로 가두니 그 물조차 썩었습니다. 4대강을 모두 한강처럼 만들었으니 안타깝죠. 4대강 사업은 강과 국토를 파괴한 범죄 행위였습니다."

그렇다면 강은 무엇일까?

"대부분의 사람들에게 강이 무엇이냐고 물으면 물만 떠올립니다. 하지만 강에는 물만 있는 게 아닙니다. 습지와 나무, 모래, 자갈, 여울이 있죠. 수많은 생명들이 살아가는 다양한 환경입니다. 쉬리, 돌상어, 빠가사리는 전 세계에서 대한민국에만 사는 물고기입니다.

천연기념물 어름치는 맑은 물 생산 공장인 여울에 알을 낳죠. 그런데 4대강 사업으로 여울이 없어졌어요. 물이 썩을 수밖에 없는 환경을 만든 거죠. 댐을 허물고 다시 물이 흐르게 해야 합니다."

최 목사는 "국민들의 반대 여론에도 이명박 정권이 강을 망치는 데 가장 큰 역할을 했던 것은 언론의 침묵과 찬양"이라고 말했다. 그는 특히 "이명박 정권 시절에 방송에서는 4대강 사업을 금기어로 취급했다"면서 "침묵하면서 부역한 언론인도 있지만, 4대강 사업으로 인한 경제효과를 부풀리면서 국민들의 눈을 가린 언론인이 있었기에 가능한 사업이었다"고 말했다.

최 목사는 "4대강 사업은 4대강에서만 벌어지는 게 아니라는 것을 용인으로 이사 온 뒤에 절감했다"고 했다. 초등학교가 앞에 있고 바로 옆에 부아산이라는 아담한 산이 있는 조용한 곳이었다. 하지만 그게 아니었다.

"초등학교 앞산을 깎은 다음 콘크리트 혼화제 연구소가 들어선다고 하더군요. 깜짝 놀랐습니다. 저는 4대강 사업 전에 쓰레기 시멘트 재벌과 싸운 적이 있어서 콘크리트의 유해성을 누구보다 잘 알고 있습니다. 그런데 여기 와보니 엉터리 환경영향평가를 환경부가 통과시켰어요. 화학물질을 배출하지 않는 시설이라는 것도 거짓말이었죠. 교육부도 추천을 했고, 지방자치단체도 허가를 내줬습니다.

처음부터 끝까지 거짓으로 점철된 채 초등학교 앞산이 허물리고 유해시설이 들어서는 현실. 미래 세대에게 물려줄 유산이기도 한 4

대강을 망친 사업과 크게 다를 바 없었죠. 정정당당한 대한민국, 이게 바로 제가 동네 싸움을 벌이는 이유입니다."

'4대강 담임목사'는 지금 용인의 한 초등학교 앞에서 4대강에 세웠던 생명의 십자가를 꽂고 있다. 4대강 사업이라는 괴물은 탐욕이 꿈틀거리는 우리의 일상 속에 살고 있다.

썩은 강에 고인 검은돈

—— 혈세의 행방을 쫓아라

"도덕적으로 완벽한 대통령"이라고 말했던 이명박 전 대통령이 2018년 3월 22일 구속됐다. 그가 대통령일 때 그토록 강조했던 '국격'에 맞는 일이다. 무소불위 권력을 사적 이익에 썼고, 지난 10년간 민주주의 국가 시스템을 훼손한 죗값을 받아야 한다. 그가 구속되기 전에도 여론조사에서 10명 중 7~8명이 구속수사에 찬성한다고 밝혔다. 국민들도 그의 거짓말을 알고 있다는 뜻이다.

지난 10년 동안 국민 70~80퍼센트가 4대강 사업을 반대한 것도 같은 의미이다. 구속된 그의 불법 혐의를 모두 합쳐도 이 사업 하나의 해악에는 못 미친다. 세금 22조 원을 낭비했고 강을 망쳤다. 경제도 살리지 못했다. 그는 대선 후보 시절 다스 실소유주 논란이 제기됐을 때 "새빨간 거짓말"이라고 말했지만, 4대강 사업을 국운융성 프로젝트라고 주장한 것이야말로 '새빨간 거짓말'이었다.

이미 드러난 거짓말을 처벌할 수는 없을까? 막대한 예산을 낭비한 죗값을 물을 수는 없을까? 오마이뉴스가 2017년 말 4대강 다큐멘터리영화 제작을 시작하면서 정창수 나라살림연구소 소장을 만난 것은 이런 의문 때문이었다. 다시는 4대강 사업과 같은 국가적 재앙을 되풀이하지 않기 위해서다.

[재앙] 30조 예산 도둑

정 소장은 박근혜 탄핵 촛불이 타오를 때인 2016년 12월 《최순실과 예산 도둑들》이라는 책을 공저로 펴내 화제가 됐던 예산 전문가이다. 당시 박영수 특검이 최순실 씨의 예산 도둑질 수법을 수사하려고 그에게 강의를 요청했을 정도이다. 문재인 대통령도 후보자 시절에 그의 개인 교습을 받았다.

우선 '단군 이래 최대 국책사업'인 4대강 사업 예산이 어느 정도 규모인지 그에게 물었다.

"공사할 때 22조 원이 들었죠. 그 뒤 유지관리비가 매년 작게는 5000억 원이지만 간접비용까지 포함하면 1조 원 가깝게 들었을 겁니다. 여기서 간접비용이 뭔가 하면, 환경부와 국토부 등에 편성된 4대강 예산이라기보다는 공사 때문에 도로나 다리를 바꾸는 것 등에 드는 비용이라고 할 수 있죠."

지금까지 거의 30조 원의 세금이 들었을 것이라는 추론이다. 너무 큰 액수여서 비교할 만한 수치가 있으면 좋을 것 같다고 말하자 그는 이렇게 부연했다.

"국립대학 학생들을 공짜로 학교에 다니게 하면 1년에 2조 원이 듭니다. 30조 원이면 15년을 무료로 가르칠 수 있는 돈이죠. 전체 대학생들의 등록금을 무료로 하면 1년에 7조 원입니다. 최근에 아동 수당을 1인당 월 10만 원씩 주자는 이야기가 나오고 있는데 그 돈이 연간 3조 원입니다. 고등학생들에게 무상교육을 실시한다면 1년에 2500억 원이면 됩니다. 4대강에 투입된 30조 원을 복지에 사용했다면 국민들이 많은 혜택을 누렸을 겁니다."

이명박 씨는 4대강 사업으로 34만 개의 일자리를 창출하고 40조 원의 경제 부양 효과가 있을 것이라고 주장했다.

"4대강 사업으로 일자리 창출 효과는 없었다는 보고서가 많았죠. 3000억 원짜리 사업을 했는데 30명만 고용했다는 예도 있습니다. 그마저도 공사가 끝나면 없어지는 일용직 일자리였습니다. 토목건축 분야는 자동화되고 기계화되었기 때문에 사람들이 직접 하는 사회복지나 농업 등의 분야보다 일자리 창출 효과가 작습니다."

그는 4대강 사업은 수입이 들어오는 게 아니라 관리 비용이 계속 들어가기 때문에 '밑 빠진 독에 물 붓는 사업'으로 규정했다. 이를테면 지속 가능한 예산 낭비 사업이라는 것이다.

[탈법과 꼼수] 실패한 사업도 처벌해야

4대강 사업의 예산 낭비를 사전에 막을 수 있는 제도가 없는 것은 아니었다. 대형 신규 공공투자 사업의 추진 여부를 면밀하게 검토하는 '예비타당성조사'라는 제도가 있다. 국가재정법에 따르면, 총 사업비가 500억 원 이상이고 국가의 재정지원 규모가 300억 원 이상일 때는 사업에 착공하기 전에 경제성과 정책을 면밀하게 검토해야 한다.

4대강 사업은 세금 22조 2000억 원을 투입했기에 예비타당성조사를 해야 했다. 하지만 이명박 정부는 4대강 공사를 벌이기에 앞서 2009년 3월에 국가재정법 시행령을 고쳤다. 이 조사에서 제외되는 사업 범위를 '재해복구 지원'에서 '재해 예방·복구 지원'으로 바꾼 것이다. 또 '지역균형발전, 긴급한 경제·사회적 상황 대응 등을 위해 국가 정책적으로 추진이 필요한 사업으로서 기획재정부 장관이 정하는 사업'도 예비타당성조사를 면제하도록 했다.

꼼수였다. 결국 MB 정부는 4대강 사업이 재해 예방을 위한 치수 사업이라면서 준설과 제방 보강 등의 영역에서는 예비타당성조사를 생략했다. 통상 1년 이상 걸리는 환경영향평가는 4개월 만에 끝냈다. 문화재지표조사도 청계천 복원 사업 때는 1년 2개월이 걸렸는데, 청계천보다 213배나 긴 4대강의 조사는 고작 한 달 반 만에 마쳤다.

"예비타당성조사는 세계에서 우리나라만 시행하는 제도입니다.

예산 낭비를 막는 등 여러 가지 효과가 있죠. 그런데 이명박 정부가 예비타당성조사의 예외 규정을 고쳐서 4대강 사업을 빠져나가게 했습니다. 탈법이죠. 국회에서도 문제를 제기했지만 무시했습니다."

정 소장은 "4대강 사업으로 얼마나 많은 돈이 들었는지에 대해서는 지금까지 한 번도 이야기를 들은 적이 없고 보고서도 보지 못했다"면서 "막대한 건설 비용과 유지관리 비용을 들였지만 보에 갇힌 물은 썩었다"고 말했다.

"예전 같으면 수백 킬로미터의 낙동강 물이 하루 만에 흘러갔습니다. 그런데 4대강 사업 이후에는 유속이 시속 1킬로미터 정도라는 데이터를 봤습니다. 충격적이었죠. 고인 물이라고 봐도 됩니다. 강을 호수로 만든 겁니다. 그러니까 썩었죠. 고인 물은 썩는다는 기본적인 상식조차 부정했던 이명박 전 대통령과 4대강 부역자들은 지금 어떻게 고개를 들고 다닐 수 있을까요?"

정 소장은 "지금까지는 예산이 정책적 판단이라는 이유로 처벌이나 평가에서 제외됐다"면서 "하지만 막대한 손실을 초래한 예산 낭비 사업에 대해 처벌을 해야 한다"고 강조했다.

그는 '링컨법'으로 불리는 미국의 '공공재정 허위·부정청구 등 방지법'을 예로 들었다. 미국은 남북전쟁 때인 1863년 부정하게 정부 보조를 받으면 정부 손해액의 3배를 환수하는 내용의 부정청구금지법을 제정했다. 당시 대통령이 링컨이었기에 링컨법으로 불린다.

"4대강 사업은 실패한 사업이잖아요. 우리나라는 관료국가이기에 정책 실패에 대해 책임을 묻는 것을 두려워했죠. 정부 수립 이후 예산을 낭비해서 처벌받은 사람은 없었습니다. 뇌물 등의 증거가 드러나야만 법적으로 처벌을 했죠.

하지만 실패한 정책을 처벌하는 링컨법을 도입할 필요가 있습니다. 예산 편성에 참여했던 정치인, 이에 동조한 관료, 수혜를 입은 기업까지 처벌해야 합니다. 최순실 씨의 경우도 자기가 예산을 기획해서 사익을 추구한 것만으로도 구속됐고, 정권까지 교체됐습니다. 예산 낭비의 규모로 볼 때 4대강 사업은 그 수십, 수백 배를 넘어섭니다."

그는 "미국의 링컨법은 예산을 낭비한 정책에 대해 형사소송을 걸 수 있고, 이득을 본 자들에게 강력한 징벌을 내리고 손해액을 환수하는 제도"라면서 "문제를 제기한 내부고발자에게는 환수 금액의 10~30퍼센트를 포상금으로 주는데, 매년 7000만 달러에서 1억 달러 정도의 상금이 지급된다"고 말했다.

미국에서는 지금도 매년 10~20여 건에 달하는 예산 낭비 사업이 링컨법으로 처벌받고 있다. 특히 국방 분야에서 많이 발생하며, 댐 건설비를 부풀리거나 심지어 USB 한 개의 가격을 수백만 원으로 책정한 것이 드러나 처벌을 받은 경우도 있었다.

그는 "앞으로 4대강 사업과 같은 예산 낭비 사업을 근본적으로 못 하게 하려면 정책에 대한 투명성과 책임성을 강화해야 한다"면서 "많은 사람들이 반대하는데도 추진을 했고, 실패한 것으로 드러났는데도 우리는 정치적·법적 책임을 묻지 못하고 있어서 안타깝다"고 말했다.

"결국은 예산에서도 시민참여가 절실합니다. 문재인 정부에서는 국민 참여 예산제를 시행하려고 하는데, 이런 데에도 많이 참여해야겠죠. 예산의 주인은 국민입니다. 주인이 주인 노릇을 하지 않으면 예산을 쓰는 일종의 대리인들이 주인 노릇을 합니다."

[교훈] 4대강의 진실을 밝히는 시작

이명박 씨는 2018년 3월 22일 밤 동부구치소로 가기 직전에 다음과 같은 글을 페이스북에 올렸다.

내가 구속됨으로써 나와 함께 일했던 사람들과 가족의 고통이 좀 덜어질 수 있으면 좋겠다. 바라건대 언젠가 나의 참모습을 되찾고 할 말을 할 수 있으리라 기대해본다. 나는 그래도 대한민국을 위해 기도할 것이다.

그의 구속은 시작에 불과하다. 그의 구속영장에 기재된 혐의 내용에는 수백억 원대의 뇌물 중 4대강 사업으로 받은 5억 원의 불법 자금도 있는데 이는 빙산의 일각일 것이다. 심지어 박근혜 정부 때에도 4대강 사업에 참여한 건설재벌들이 공사비를 불법 담합해 막대한 이익을 남긴 것으로 확인됐다. 하지만 솜방망이 처벌에 그쳤다.

썩고 있는 4대강은 이미 자기의 상처를 드러냈지만, 이명박 전 대통령의 참모습은 이제부터 드러나기 시작할 것이다. 그가 4대강 사업을 하면서 짓밟았던 대한민국 민주주의의 상처도 모습을 드러낼 것이다.

우리에겐 링컨법이 없지만 지금이라도 검찰이 제대로 수사에 착수한다면 4대강 사업의 비자금을 낱낱이 들출 수 있다. 4대강 사업과 같은 예산 낭비 사업을 끝내는 새로운 시작이어야 한다. '도덕적으로 완벽하다'고 주장하는 전임 대통령을 법적으로 완벽하게 심판해서 국격을 높여야 한다. 그래야만 그가 낭비했던 22조 원으로부터 우리는 교훈을 얻을 수 있다.

'모범적인 녹색사업'의 실체

—— 거짓과 사기, 예견된 실패

2017년 12월 18일 서울 강남의 한 식당에서 이명박 전 대통령의 '트리플 크라운 데이' 행사가 열렸다. 이 전 대통령의 생일과 결혼기념일, 2007년 대선 승리일인 12월 19일을 기념하는 자리였다. 이날 이 전 대통령이 차에서 내리자 카메라 플래시가 일제히 터졌다. 그를 쫓아가면서 기자들이 물었다.

오늘은 특별하게 한 말씀 해주시죠.

"한 해를 보내면서 우리나라 국민들이 나라 안팎에서 일어난 일에 대하여 많이 걱정하고 있는 것 같습니다."

국민들은 '다스는 누구 것이냐'고 묻고 있습니다.

"그건 나한테 물을 일은 아닌 것 같습니다."

검찰 수사 결과에 대해서는 어떻게 생각하시나요?

"허, 허, 허."

 핵심 질문은 피하고, 부담스러운 질문에는 웃으며 여유만만했던 이명박 전 대통령은 2018년 3월 14일 피의자 신분으로 검찰 포토라인에 섰다. 다스와 관련된 횡령·배임 혐의를 받고 있는 그는 3개월 전과는 달리 '다스는 누구 것이냐'는 검찰의 날 선 질문을 피할 수 없었다. 최근 드러난 다스 실소유주에 대한 측근의 증언과 증거 앞에서 더 이상 나라와 국민을 걱정하면서 웃을 수 없게 되었다. 그의 범죄 혐의는 다스와 관련된 것을 비롯해 20여 개에 이른다. 범죄 백화점 수준이다.

 하지만 여기서 빠진 게 있다. 4대강 사업에 대한 책임이다. 이번에 수사 받을 100억 원대 뇌물 혐의와는 격이 다르다. 세금 22조 원을 낭비했고 강도 망쳤다. 지금도 매년 수천억 원에서 수조 원의 혈세를 4대강 사업 유지보수 비용으로 쓰고 있다.

 수많은 탈법과 편법 사실도 드러났다. 박근혜 정권 시절의 감사원도 4대강 사업이 대운하를 위한 사업이라고 결론을 내렸다. 감사원은 턴키 공사 입찰 때 불법 담합했던 건설재벌들에게 1000억 원대 과징금을 물렸지만, 검찰은 수사에 착수하지 않았다. 지금이라도 검찰이 제대로 수사한다면 불법 사실이 드러날 수 있다.

 이명박 씨는 대통령 후보자 시절에 "다스는 큰형과 처남의 회사다" "내가 다스 소유주? 그건 네거티브다"라고 말했다. 검찰은 2007년 대선 직전에 이 주장을 받아들여 면죄부를 줬고 한 달도 지나지 않아 그는 대통령에 당선됐다. 그로부터 10년 뒤인 2018년 검찰은 당시 주장이 거짓말이었다고 결론을 내렸다.

2007년 다스 실소유주 논란이 증폭됐을 때 그가 했던 또 다른 거짓말은 한반도 대운하(경부운하) 공약이었다. 그의 오래된 이야기를 꺼내 든 이유는 거짓말에 대해 책임을 물은 적이 없기 때문이다. 거짓말에서 끝난 게 아니라 막대한 세금을 낭비했다. 거짓말에 빌붙어 호가호위했던 4대강 부역자들은 승승장구하고 있다.

당시 대선 후보였던 이명박 씨는 경부운하 공약을 반대하는 70퍼센트 이상의 국민들을 향해 자신만만하게 말했다.

"운하 선진국을 봐라. 나에게는 10년 동안 운하를 연구한 100명의 학자가 있다."

유력 대선 후보의 제1공약이자 국운융성 프로젝트였기에 대통령에 당선된다면 사업을 밀어붙일 공산이 컸다. 오마이뉴스는 생태지평연구소와 함께 독일과 네덜란드 운하를 취재한 데 이어 2008년 2월 미국으로 날아갔다. 미국은 이 전 대통령이 자기 공약을 반대하는 사람들에게 말했던 '운하 선진국' 중 하나였다.

[폐쇄] 역사 속으로 사라진 운하들

당시 미국 운하를 취재하면서 도달한 결론을 한마디로 요약하면 '운하는 역사박물관에 있었다'이다. 현지에서 확인한 단 한 장의 미국 운송산업 현황 도표만으로도 운하 1단계 사업인 4대강 사업의 실체를 알아차릴 수 있었다.

미국 운하는 1980년대 초 철도와 도로, 항공 운송과 함께 미국 산업을 지탱하는 주요 동력이었다. 그 뒤 운하는 쇠락의 길을 걸었다. 2007년에 경부운하로 4만 달러 시대를 앞당기겠다고 큰소리쳤던 이명박 씨의 주장은 허구였다. 내륙항으로 지역경제를 살리겠다면서 '지역표'를 긁어모으는 데에는 성공했지만 미국 내륙수운 운송량을 보면 거짓말이었다.

미시시피강을 오가는 컨테이너선은 하루에 1~2척뿐이었다. 미국 취재팀은 세계에서 네 번째로 긴 강인 미시시피강 하구의 뉴올리언스항까지 기차가 줄지어 서 있는 것을 보았다. 컨테이너를 실은 대형 트럭들이 쭉 뻗은 도로를 앞서거니 뒤서거니 하면서 무섭게 질주했다. 시속 10킬로미터 남짓한 배의 속도로는 이를 따라잡을 수 없다.

멕시코만과 뉴올리언스를 잇는 122킬로미터의 미스터고(MRGO: Mississippi River Gulf Outlet) 운하의 비극적 운명도 보았다. 이 운하는 물자 운송을 목적으로 만들었는데, 2005년 뉴올리언스를 강타해 수많은 인명을 앗아갔던 허리케인 카트리나가 몰고 온 폭풍해일을 육지로 실어 나르는 통로 역할을 했다. 게다가 환경을 파괴하고 경제성도 없어서 폐쇄를 앞두고 있었다.

뉴올리언스는 미시시피강과 폰차트레인호수의 제방에 둘러싸여 있었지만 허리케인으로 제방이 무너지면서 비극을 겪은 곳이다. 폰차트레인호수 재단(Lake Pontchartrain Basin Foundation) 사무실에서 만난

칼턴 듀프리초(Carlton Dufrechou) 대표는 "미스터고 운하는 결단코 지역경제의 발전을 가져오지 않았다"면서 "미스터고를 폐쇄하는 데 2500만 달러가 소요되고 복원에 필요한 초기 사업비만 따져봐도 운하 건설비의 10배 이상이 들어갈 것"이라고 말했다.

이명박 씨가 내건 경부운하 조감도에는 호화스럽게 치장한 대형 유람선이 떠다녔다. 대통령으로 당선된 뒤에 추진한 4대강 살리기 사업 조감도에도 빠짐없이 등장했다. 운하 찬성론자들은 '물류 혁명'을 강조하다가 경부운하를 통한 물류 효과가 별로 없다는 게 밝혀지자 경제효과의 70~80퍼센트가 관광이라고 말을 바꿨다.

이 주장을 확인하려고 미시시피강변에 있는 세인트루이스로 갔다. 미국 3대 내항 도시였다. 운송업으로 지역경제를 발전시킨 대표적인 곳이었지만 취재팀이 찾아간 항구에는 3척의 대형 유람선만 정박해 있었다. 그중 두 대는 수지가 맞지 않아 선상 카지노로 업종을 바꾸면서 엔진을 멈췄다.

취재팀은 그곳에서 유일하게 살아남은 유람선 '톰소여호'를 탔다. 토요일 점심때였다. 객실은 텅 비어 있었다. 유람선에서 내리면서 입구에서 표를 받는 사람에게 물어보니 관광객은 취재팀을 포함해 총 15명이었다. 승객보다 승무원이 많았다. 승객들이 낸 승선비를 셈했더니 총 168달러였다. 1시간 동안 17만 원 남짓한 돈을 받고 유람선을 띄운 셈이다.

문을 닫은 것은 유람선만이 아니었다. 유람선을 타니 주변 경관이 한눈에 들어왔다. 하늘 높이 치솟은 굴뚝에선 연기가 나지 않았다. 문을 닫은 공장과 창고 건물은 창문이 다 뜯긴 채 방치되어 있었다. 1시간 동안 유람선을 타면서 미시시피강을 떠다니는 바지선은 단 한 척도 볼 수 없었다. 미국 3대 내항 도시라는 명성은 운하의 쇠락과 함께 지나간 역사가 되어 있었다.

취재팀은 미국 오하이오주 클리블랜드 아래쪽에 위치한 카이어호가(Cuyahoga) 계곡 국립공원으로 갔다. 당시 미국 390여 곳의 국립공원 중 아홉 번째로 많은 연간 300만 명의 관광객이 몰리던 곳이다. 대표적 명물은 오하이오-이리 운하길. 이곳에 가면 MB가 강조한 호화 유람선의 실물을 확인할 수 있을 것 같았다. 하지만 유람선이 없었다.

국립공원관리공단에서 토지매매 업무를 담당하는 데니스 햄(Dennis Hamm)씨는 이렇게 말했다.

"이 운하는 1825년에 착공해 1848년에 완공됐습니다. 1913년까지 이용했죠. 처음 만들어졌을 때는 농산물과 목재, 돌 등을 운반하는 데 쓰였는데, 1913년 큰 홍수로 무너지고 난 뒤에는 그대로 놔뒀습니다. 지금은 폐쇄된 상태죠. 철도나 다른 대체 운송 수단이 있는데 굳이 재건설할 필요가 없었습니다."

그는 "운하에 물을 공급하기 위해 댐으로 인근 강을 막으니 그 강 수질이 나빠졌고 깨끗하지 않은 물을 끌어다 사용하니 운하의 물도 나빴다"면서 "수영을 할 수 있을 정도의 수질도 아니어서 레크리에이션을 권장하지 않는다"고 말했다.

이곳이 관광명소가 된 것은 '살아 있는 운하'가 아니라 '죽은 운하' 덕분이었다. 이명박 씨가 말했던 '친환경 운하'를 보기 위해서가 아니라 썩은 물이 흐르는 운하를 사실상 폐쇄한 뒤에야 비로소 되살아나고 있는 자연생태 환경을 보기 위해 사람들이 몰려든 것이다.

"운하를 공원으로 만든 건 '운하 역사관'을 보여주기 위해서였죠. 이곳에 운하가 있었다는 사실을 기록하려는 겁니다. 지금은 운하 주변의 길을 산책로로 이용합니다."

햄씨가 이 말을 마치고 건네준 국립공원 홍보물에는 이런 글귀가 적혀 있었다.

"오하이오-이리 운하는 미국 경제개발의 상징이다."

이명박 씨가 좋아할 구절이지만, 100년 전에나 유효했던 말이다.

[양심] 반기를 든 2500명의 학자들

오마이뉴스가 미국 운하를 취재해 현지에서 기사를 써 올릴 때 한국에서는 학자들이 나서기 시작했다. 이명박 캠프에 있다는 '10년 동안 운하를 연구해온 100명의 학자들'이 아니었다. 한반도 대운하에 반기를 든 전국교수모임이었다. 대학교수들이 학교별로 운하 반대 성명을 발표했다. 순식간에 전국 대학으로 확산됐다.

김정욱 서울대학교 환경대학원 명예교수는 2008년 1월에 이 일을 처음으로 시작했다. 그는 최초로 성명을 발표한 서울대 교수모임과 그 뒤에 결성된 전국교수모임의 공동대표를 맡았다.

"이명박 씨가 한반도 대운하를 통해 물류 혁명을 일으키고 4만 달러 시대를 가져오겠다고 했죠. 독일 라인-마인-도나우 운하를 벤치마킹한다고 했는데, 제가 직접 가봤습니다. 중심이 되는 항구도시가 뉘른베르크인데, 반나절을 그곳에서 보냈어요. 배를 거의 보지 못했고 트럭 한 대가 지나다닐 수 있는 부둣가에서 노인이 낚시를 하더군요. 이건 완전히 사기라고 봤죠."

김 교수가 2008년 1월 31일 '한반도 대운하를 반대하는 서울대 교수모임' 긴급토론회에서 대운하의 허구성을 비판한 뒤 아주 짧은 기간에 전국 2500명 이상의 대학교수들이 동참했다. 국민들의 호응도 뜨거웠다. 결국 이명박 전 대통령은 그해 5월 광우병 사태에 대해 사과하면서 한반도 대운하 포기 선언을 했다. 그 뒤 4대강 정비 사업만 하겠다고 발표했을 때에도 김 교수는 믿지 않았다.

"한반도 대운하와 4대강 사업의 공사비가 14조 원으로 같았습니다. 운하 터널을 뚫거나 하늘에 다리를 만들어서 한강과 낙동강을 운하로 잇겠다던 대운하 공사비와 단순한 4대강 정비 사업 공사비가 어떻게 같을 수 있나요? 운하 갑문의 위치와 16개 댐의 위치도 같았습니다. 수심을 6미터로 파는 것도 같았고요. 처음부터 끝까지 다 거짓말이었습니다."

이명박 전 대통령은 인수위 시절부터 한반도 대운하 태스크포스를 만들어 제1공약인 경부운하를 의욕적으로 추진했다. 학자들이 이제 막 기세등등하게 출범한 권력에 맞서는 일은 쉽지 않았다. 김 교수는 전국을 돌면서 200회에 걸쳐 4대강 반대 특강을 했다.

"초기에는 인신공격이 심했죠. '김정욱 교수는 국책사업마다 반대한다' '하천 관련 논문 한 편도 없는 사람'이라고 욕했지만 사실이 아니었습니다. 우리가 4대강 현장 조사를 하러 가면 '북한 도발 옹호하는 4대강 반대 세력 물러나라'는 현수막이 나붙었죠."

이뿐만이 아니었다. 그는 서울대학교 측으로부터 교육부 감사에 걸렸다는 통보를 받았다. 3~4년 전에 한 강의를 30분 늦게 시작했다는 것이었다. 그날 서울대학교 사범대학에서 특강을 한 시간과 자기 강의 시간 중 30분이 겹치는 것을 감사 근거 자료로 내밀었다.

"그 뒤부터 외부 특강 보고 양식을 주면서 매번 보고를 하라고 하더군요. 1년 동안 그렇게 하다가 집어치웠죠. 지방 강의 때마다 이상한 사람들이 따라다니더군요. 나보다 먼저 내 강의장에 와서 '빨갱이' '종북 좌파'라고 떠들었습니다. 내 정보를 누가 알려준 것일까요? 당시 4대강 반대 교수 불법 사찰 건이 터졌는데 국정원이라는 생각이 들었습니다. 섬뜩했죠."

김 교수는 '4대강 사업 위헌 위법 심판을 위한 국민소송단'을 발족시켜 4대강 사업 취소 청구소송을 주도했지만 패소했다. 이때 황당한 일을 경험했다.

"항소심 때 판사가 국민소송단을 향해 훈시를 하더군요. '북한을 찬양하는 사람들은 북한에 가서 살면 되는데 왜 여기서 떠드느냐'면서 30분 동안이나 계속했습니다. 그 판사는 자기가 한 말을 밖에 나가서 떠들면 재미없다는 식으로 이야기했죠. 기분은 나빴지만,

판결에 영향을 줄 것 같아서 입을 닫았습니다. 하지만 우리가 졌죠. 우리에게 북한에 가서 살라고 말하는 판사가 제대로 된 판결을 내리겠어요?"

[웃긴 판결] 편법과 탈법의 면죄부

이명박 정부는 4대강 사업을 국회에서 날치기로 통과시켰다. 그 뒤 사업을 시행하면서 환경정책기본법 25조에 있는 사전환경성검토를 하지 않았다. 국가재정법 38조의 예비타당성조사도 생략했다. 하천법 23조 수자원장기종합계획 수립, 24조 유역종합치수계획의 수립, 25조 하천기본계획도 건너뛰었다. 환경영향평가도 부실 덩어리였다.

"환경영향평가 중에서 수질을 예측하는 항목이 있습니다. 미국 환경보호국에서 만든 EFDC(Environmental Fluid Dynamics Code) 모델을 썼다고 하더군요. 이 모델을 사용하려면 기본적으로 1년은 현장 조사를 하고, 취합한 데이터에 기초해 1년 동안 예측 보고서를 써야 합니다. 그런데 이 모든 것을 불과 여섯 달 만에 마친 거죠.

우리가 자료를 전부 확인했는데, EFDC 입력 자료와 출력 자료도 없었습니다. 완전히 거짓말이었죠. 법원은 '부실하지만 그래도 평가는 했다'면서 면죄부를 줬습니다. 이걸 대법원이 인정했으니…… 한마디로 정권의 눈치를 본 웃긴 판결이죠."

김 교수는 4대강 피해자 증언 대회 때 들은 덤프트럭 운전사의 이야기도 전해줬다.

"그는 공사를 하고 매달 돈을 받았는데, 그중에서 절반 가까이 되는 돈을 다음 날 아침 현금으로 돌려달라고 해서 그렇게 했답니다. 제일 말단에서 하청을 받은 사람조차 그렇게 했는데, 그 많은 돈은 다 어디로 갔을까요? 당시 건설사들은 불법 담합을 해서 통상 65퍼센트 선의 낙찰가를 평균 93퍼센트까지 올렸습니다. 이 돈은 또 어디로 갔을까요?"

[죗값] 국민도 세상도 속였다

이명박 씨는 4대강 공사가 한창이던 2009년 9월 유엔총회 기조연설을 통해 "4대강 살리기 사업으로 용수 확보와 홍수 조절의 근본책을 마련함은 물론 하천 생태계를 복원하는 작업을 진행하고 있다"고 발표했다. 유엔환경계획(UNEP)은 이 사업을 모범적인 녹색사업(Global Green New Deal)으로 선정했다.

"이명박 전 대통령은 4대강의 생태계를 살린 공로로 유엔으로부터 생물다양성협약상을 받았고 자이드 국제환경상을 받기도 했습니다. 하지만 우리가 항의를 하자 유엔환경계획은 모범적인 녹색사업 선정을 취소했고, 온실가스를 줄이는 CDM(청정개발체제) 사업으로 신청했던 것도 반려했습니다. 이렇게 세상도 속였던 겁니다."

김정욱 교수는 4대강 사업 이후 이명박 씨의 거짓말이 더 선명하게 드러났다고 말했다.

"이명박 전 대통령 측은 낙동강의 물그릇을 10배 키우면 희석 효과 때문에 수질오염도 10분의 1로 줄어든다고 했습니다. 여기에 그치지 않고 환경영향평가서에서는 4조 원을 들여 하수처리장을 만들면 BOD(생화학적 산소요구량. 미생물이 물속 유기물을 분해할 때 사용하는 산소의 양)를 95퍼센트 이상 줄일 수 있다고 했습니다. 이 정도면 낙동강 물을 떠먹어도 됩니다.

하지만 지금 낙동강 물을 그냥 먹으면 죽습니다. 녹조에 있는 마이크로시스틴이라는 독성 물질 때문이죠. 그 물로 농사를 지으면 안 됩니다. 독성 물질은 물고기의 몸속에도 들어 있겠죠. 어민들은 물고기 없는 강을 떠나고 있습니다. 어떻게 경제가 살아나겠습니까. 돈만 낭비했죠."

김 교수는 마지막으로 이렇게 말했다.

"이탈리아에서는 지진 예측을 잘못한 전문가에게 6년 형을 선고했어요. 이명박 전 대통령이 4대강 사업 때 금전 비리를 저질렀다는 것이 밝혀지면 추가로 처벌하면 될 일이고, 우선 지금은 국민을 대상으로 사기를 친 것이 확실하게 드러났기에 법적으로 처벌을 받아야 합니다."

4대강 사업의 실패는 오래전부터 예견된 것이었다. 외국의 사례를 봐도 그렇고, 정권의 탄압에도 4대강 사업에 맞선 국내 학자와 전문가들도 많았다. 하지만 이명박 전 대통령은 4대강을 손보겠다는 오만을 접지 않았다. 단순한 실수나 판단 착오가 아니었다. 4대강을 돈벌이에 활용할 수 있다는 탐욕에 눈이 먼 것이다. 그는 강을 망친 죗값을 받아야 한다. 아울러 4대강 사업에 투입한 막대한 혈세가 누구의 주머니에 들어갔는지도 반드시 규명되어야 한다.

1부

삽질
22조짜리 대국민 사기극

2부

추격
죽이는 자와 살리는 자

3부

검은 강
탐욕의 소용돌이에 맞서다

4부

지키는 자
4대강 현장, 그 12년의 저항과 기록

5부

흐르는 강을 위하여
민주주의의 귀환

"너, 밤길 조심해라"

—— 온몸으로 쓰는 기사

그날 저녁 7명의 남자가 부산 하굿둑 허름한 여관에 모인 건 한 장의 사진 때문이었다. 국민 세금 22조 원을 들인 4대강 사업의 폐해가 드러나는데도 부끄러움을 모르는 이명박 전 대통령.

2013년 10월 1일, 이 전 대통령은 페이스북에 자전거를 타고 있는 사진을 올렸다. 4대강 사업이 완공된 지 반년쯤 지났을 때였다. 녹조가 창궐하고 물고기가 떼죽음을 당하는 등의 악재가 터질 때 자기가 만든 자전거길을 간접 홍보한 셈이다. 한 누리꾼은 이 전 대통령의 자전거와 옷, 선글라스 상표 등을 확인해 가격을 매겼다. 다 합쳐서 1000만 원이 넘는다고 했다.

그로부터 일주일 뒤 오마이뉴스 시민기자와 상근기자들은 낙동강 '떼잔차질'(그룹 라이딩)을 시작했다. 우리는 이 전 대통령이 탄 수백만 원대의 자전거가 아니라 자전거포에서 하루에 몇천 원 주고 빌린 헌 자전거를 타고 6박 7일간 360킬로미터를 달렸다.

정수근 시민기자는 내리막길에서 브레이크가 고장 나는 바람에 4~5미터를 날아가 벼랑으로 떨어질 뻔했다. 이철재 시민기자는 상주 경천대를 훼손해 만든 가파른 4대강 자전거길에서 팔이 부러지는 큰 부상을 입었다. 태풍 다나스가 우릴 덮쳤지만, 일회용 우비를 입고 페달을 밟았다. 매일 60킬로미터씩 질주하며 '개고생 떼잔차질'을 했다.

날이 어두워지면 길가에 텐트를 쳤다. 낮에 만났던 강의 민낯과 강에서 쫓겨난 사람들의 인터뷰 기사를 새벽까지 작성해 바로바로 올렸다. 오마이뉴스 10만인클럽과 환경운동연합이 공동으로 기획한 '흐르는 강물, 생명을 품다-두 바퀴 현장리포트 OhmyRiver!'라는 주제의 4대강 탐사보도였다. 당시 숙박비와 식대를 합친 취재비는 이 전 대통령이 반짝 등장했을 때 선보인 화려한 자전거와 라이딩 복장 가격의 절반에도 미치지 않았다.

[열정] '금강 요정' 김종술

오마이뉴스 시민기자 김종술. 그때 금강에서 온 그를 만났다. 전에도 본 적은 있지만 말을 섞은 적은 없었다. 검게 그을린 얼굴선은 투박하게 굵었다. 다부진 체격의 그는 자전거를 잘 탈 것 같았다. 하지만 그는 시간이 날 때마다 자전거가 아니라 떼잔차질의 지원 차량을 애용했다.

힘들어서가 아니었다. 4대강 사업으로 쫓겨난 어민들과 농민들을 한 명이라도 더 만나서 인터뷰하기 위해서였다. 수년간 취재해온 금강과 낙동강의 피해 상황을 비교하면서 한 군데라도 더 취재하고 싶었던 것이다. 결국 그는 당시 50개의 현장리포트 기획기사 중 19개를 썼다.

'금강 요정'. 선 굵은 생김새의 김종술 기자가 어울리지 않는 별명을 가지고 있다는 것은 자전거 탐사취재 이후에 알았다.

"2012년 금산 참여연대 활동가의 제보를 받고 달려갔죠. 백제보 상류에서 환경부 산하 금강 지킴이들이 죽은 물고기를 수거하고 있었어요. 그날 수거된 양이 30~40포대였죠. 그다음 날은 부여군 환경보호과 직원들이 수거했는데, 50미터 떨어진 지점에 무언가를 묻고 있었습니다. 직감적으로 물고기 사체라는 생각이 들었죠. 내가 '사체를 그냥 묻으면 2차 수질오염이 진행될 수 있다'고 말하니까 시치미를 뗐습니다."

그는 잡아떼는 직원 앞에서 손가락으로 땅을 파기 시작했다. 죽은 물고기가 나왔다. 그다음 날에는 150포대를 수거했다. 그런데 환경부는 첫날 35마리, 다음 날 100마리를 수거했다고 축소해 발표했다. 그는 공무원들이 출근하기 전인 새벽 5시에 나가서 포대를 세기 시작했다. 그가 10일간 확인한 것단 65만 마리였는데, 환경부는 5만 3000마리라고 발표했다.

10일 뒤 물가는 죽은 물고기로 가득했지만 환경부는 사체 수거를 중단했다. 그는 공무원에게 전화를 걸어 그 이유를 물어봤다. "인간이 감당할 수 있는 한계점을 넘어섰다"는 답변을 들었다. 13일 동안 포대를 열어 구더기가 득시글한 물고기 사체를 취재했던 그는 정신과 치료를 받았고 지금도 치료 중이다.

　　금강 요정이라는 별명은 그가 금강 물고기 떼죽음을 특종보도하면서 생겼다. 정신과 치료까지 받으면서도 취재를 멈추지 않았던 김 기자를 보고 주변에서 붙여준 별명이다. 악취 나는 현장에서 썩은 물고기를 확인하려고 맨손으로 땅을 팠던 그는 죽은 물고기를 실어 나르던 차량이 침출수를 몰래 강변에 버리는 것을 보고 주저앉아 펑펑 울기도 했다.

[폭행과 협박] 밤길이 무서웠다

　　김종술 기자에게 금강을 취재하면서 가장 힘들었던 때가 언제였는지를 물어봤다.

　　"이명박 정부가 4대강 사업 명분으로 내세웠던 것 중 하나는 농민들이 뿌리는 농약과 비료 때문에 환경이 오염된다는 주장이었어요. 취재를 하다 보니까 산 중턱의 것을 뽑아 강변에 심은 나무들이 시름시름 앓았습니다. 이걸 살리려고 농약과 비료를 뿌리더군요. 그 장면을 사진취재하다가 멱살을 잡히고 폭행을 당했습니다. 평생

들어보지 못한 욕을 먹었죠.

물고기 떼죽음 사건을 보도할 때에는 '×새끼, 물에 빠져 죽어라' '너 이 ×새끼, 밤길 조심해라'라는 쌍욕을 듣고 폭행을 당했습니다. 욕먹고 매 맞고 다니는 기자, 내가 봐도 한심했죠. 실제로 밤길이 무서웠어요."

그는 4대강을 취재하면서 생전 처음 도둑도 맞았다. 월세가 밀려 주인에게 항상 독촉을 받던 13평 집과 사무실에서였다.

"다른 것은 그대로 두고 컴퓨터 하드만 빼 갔어요. 이건 도둑이 아니라 협박범이죠. 밤길 조심하라는 말이 허투루 한 게 아니라 실제로 일을 당할 수 있다는 경고이기도 했습니다."

그가 운영하던 지역 신문사의 문을 닫은 것도 광고주들의 협박 때문이었다. 4대강 사업에 관한 첫 기사를 썼는데 전화통에 불이 났다. 지역 신문에서 왜 국책사업의 발목을 잡는 기사를 쓰냐는 항의 전화였다. 관청에서 전화가 왔고 광고주들로부터도 "계속 4대강 기사를 쓴다면 광고를 내리겠다"는 전화가 걸려왔다.

결국 그는 10여 명의 직원들을 불러 "앞으로 광고를 싣지 않겠다"고 선언한 뒤 "통장 잔고가 떨어질 때까지만 신문사를 운영하겠다"고 말했다.

"그때는 너무 미안했어요. 직원들도 다 먹고살아야 하는데 내 고집만 피우는 것 같았죠. 하지만 이건 부당하잖아요. 언론이 자기 목소리조차 내지 못하고 돈에 끌려다니면 안 되지 않습니까. 언론은 국책사업이든 뭐든 부당한 것을 보면 고발해야 하는데, 나 스스로 고발당할 짓을 해서는 안 되잖아요. 직원들에게는 미안했지만 어쩔 수 없었습니다."

[특종] 녹조로 범벅이 된 손

2013년 첫 만남 이후 나는 김종술 기자와 여러 번 현장 취재를 했다. 표현은 못했지만 나는 매번 그에게 놀랐다.

오마이뉴스가 2015년 6월 '10만인 현장리포트-금강에 살어리랏다'란 제목의 탐사보도를 할 때였다. 그때 처음 본 큰빗이끼벌레는 끔찍했다. 가까이 가기만 해도 시궁창 냄새가 나서 진저리를 칠 정도였다. 그는 물속으로 들어가 맨손으로 수박만 한 큰빗이끼벌레를 따서 강변으로 올렸다. 그의 팔뚝을 보니 큰빗이끼벌레 포자가 다닥다닥 붙어 있었다. 그 상황에서도 그는 우스개를 던졌다.

"MB가 만든 이것을 MB에게 택배로 전해주고 싶은데 방법이 없네요. 물속에 담아두어도 흔들리면 물컹거리는 젤이 다 흐트러지거든요. 비단결 같은 금강 수질이 악화돼서 생긴 생명체입니다."

그해 여름 수자원공사 직원들은 거의 매일 배를 타고 스크루를 돌리며 물을 헤집고 다녔다. 큰빗이끼벌레는 그 순간에 형체가 없어지지만 포자는 계속 다른 곳에 붙어서 증식했다. 눈 가리고 아웅이었다. 4대강에 세운 16개 댐을 개방해서 강물이 흐르도록 하면 없어지는 생명체인데, 이명박근혜 정부는 쉬운 방법을 늘 외면했다.

녹조로 범벅이 된 김종술 기자의 양손을 찍은 사진은 꽤 유명했다. 그 손을 뒤덮은 녹색의 정체가 물감이라면 그러려니 생각할 수 있다. 하지만 '금강에 살어리랏다' 탐사보도 때 찍은 금강의 녹조였다. 녹조는 독이다. 간에 치명적인 손상을 일으키는 마이크로시스틴이라는 독성 물질을 품고 있다. 청산가리 100배 수준의 맹독성 물질이다.

2015년 8월 '투명카약-낙동에 살어리랏다' 탐사보도 때에도 그는 유명한 사진을 남겼다. 흰 옷을 입고 녹조물 속에 뛰어든 뒤에 그 옷을 말려 '녹조 염색'을 했다. 물속에 들어가 녹조물을 한 바가지 푼 뒤 쏟아부으면서 '녹조 기둥'을 연출하기도 했다.

그가 환경부 지정 최악 수질인 4급수에 사는 붉은 깔따구와 실지렁이를 금강에서 특종보도한 것도 몸을 사리지 않는 이런 취재 덕분이었다. 시궁창 펄을 퍼서 찰흙을 만지듯이 맨손으로 천천히 뒤져 산소 제로 지대에 사는 생명체들을 찾아냈다. 그의 이런 온몸 취재는 4대강이 16개 댐에 가로막혀 죽어가는 상황에 대한 경각심을 불러일으켰다.

[당부] 앞으로 이런 상 받고 싶지 않습니다

김종술 기자는 퍼포먼스 기자다. 누구에게 보여주기 위한 건 아니다. 이렇게 온몸으로 뛰어들어야만 강의 죽음을 제대로 느낄 수 있기 때문이다. 강과 하나가 되어야만 4대강 사업의 숨겨진 진실을 캐낼 수 있기 때문이다. 어쩌면 녹조 창궐이라든가 물고기 떼죽음, 큰빗이끼벌레와 붉은 깔따구의 출현을 통해 자기의 죽어가는 모습을 드러내는 4대강처럼 몸부림치며 취재하고 있는지도 모른다.

이런 그의 온몸 취재 기사에 대한 찬사가 이어졌다. 그는 2013년에 대전충남녹색연합 녹색인상, 녹색연합 아름다운지구인상, 대전환경운동연합 환경언론인상을 받았다. 이듬해인 2014년에는 환경재단의 '세상을 밝게 만든 사람들'에 선정되는가 하면, 충남시민재단 충남공익활동대상, 대전충남민주언론시민연합 민주언론상 특별상, 대전충남녹색연합 녹색인상, SBS 물환경대상 반딧불이상(시민사회 부문)을 거머쥐었다.

2016년에는 민주언론시민연합 성유보 특별상을 받았다. 그해 10월 시민기자로서는 처음으로 한국기자협회가 시상하는 '이달의 기자상'(오마이뉴스 4대강 특별탐사보도팀)을 받았다. 그가 단상에 올라가 소감을 발표할 때의 마지막 말이 아직도 나의 뇌리에서 떠나지 않는다.

"제가 시민기자로 이달의 기자상을 받는 처음이자 마지막 사람이 되었으면 좋겠습니다. 직업기자들이 4대강 사업을 제대로 취재한다면 가능하지 않을까요?"

[무보수 출근] 빈털터리 기자가 사는 법

김 기자가 이런 말을 한 까닭이 있다. 그는 1년에 320여 일을 금강에 출근한다. 누가 돈을 주고 시킨 일은 아니다. 지금까지 그가 쓴 기사만도 1000여 편에 이른다. 물고기 떼죽음뿐만 아니라 공산성 붕괴, 큰빗이끼벌레, 실지렁이와 깔따구 창궐 등 큼지막한 특종을 날렸다. 거의 매일 강물에 들어가서 자세히 살펴보았기에 얻을 수 있는 영광이었다.

하지만 무보수 기자이기에 그는 마땅한 벌이가 없다. 지역 신문사를 닫으면서 통장 잔고가 바닥이 났고, 그 뒤부터는 빚으로 살았다. 지금도 억대가 넘는다. 가끔 특강을 하거나 오마이뉴스 원고료를 받긴 하지만, 그것으로는 차 기름값도 못 건진다. 이런 그에게 가끔씩 전화를 하면 대부분 강에 혼자 있지만 다른 곳에 있을 때도 있다.

"공주 밤 따고 있어요."

"노가다 뜁니다."

"타일 붙이고 있어요."

생계비를 마련하기 위한 궁여지책이다. 이런 형편인데도 공산성 붕괴 현장을 취재하려다가 공무원들에게 가로막혔을 때는 외상으로 100만 원에 달하는 비용을 내가면서 경비행기를 띄워 취재하기도 했다.

기름값을 한 푼이라도 아끼려 집에 들어가지 않고 일인용 텐트를 강변에 치고서 혼자 밥을 해 먹는 날도 많았다. 큰빗이끼벌레를 최초로 발견했을 때에는 인체의 유해성 여부를 확인하려고 시궁창 냄새 나는 생명체를 뜯어 먹으면서 특종기사를 썼다. 그 뒤 배가 뒤틀려서 혼자 풀밭에서 나뒹굴었다. 그의 특종으로 수백 명의 직업기자들이 뒤늦게 금강으로 달려와 현장 취재를 했지만 곧 썰물처럼 빠져나갔다. 그런데 어이없게도 그는 칭찬을 받기는커녕 이상한 전화에 시달렸다.

"미친놈, 그걸 네가 왜 먹어! 네가 기자냐?"

그는 기자다. 천생 기자다. 월급을 받고 일하는 직업기자를 부끄럽게 만드는 기자다. 세금 22조 원이 어떻게 쓰였는지를 감시하는 게 언론의 마땅한 역할이기에 그는 직업기자들이 하지 못한 험한 일을 혼자서 묵묵히 해냈다. 지금도 그는 매일 금강으로 출근한다.

녹조라떼를 아시나요

— 세상을 뒤흔든 한 장의 사진

수인번호 716번 MB가 구속되고 얼마 지나지 않아 신문 구독 신청을 취소했다는 보도가 나왔다. 보고 싶지 않다는 뜻이다. 검찰의 옥중 수사도 보이콧했다. 말하고 싶지 않다는 뜻이다. 그가 갇힌 3평 남짓한 독방에선 남의 이야기를 들을 수 없다. 언로(言路), 즉 말길이 막힌 곳이다. 갑갑하고 불안할 것이다. MB 시대에는 국민들이 이런 처지였다. 부정한 권력이 언론을 장악했고 댓글부대까지 동원했다.

이명박 전 대통령은 한반도 대운하 공약이 거센 반발에 부딪히면서부터 국민의 눈과 귀를 막기 시작했다. 여론조사 결과 국민 70~80퍼센트가 반대하는데도 "반대를 위한 반대"라면서 4대강 사업을 밀어붙였다. 환경운동연합을 압수수색해 재갈을 물리려 했다.

4대강 사업에 반발하는 학자와 전문가들을 불법 사찰하면서 입을 막고 '밥줄'까지 끊으려 했다.

죽은 언론의 시대. 직업기자들은 수인번호 716번이 추진한 4대강 사업에 침묵하거나 부역하면서 납작 엎드렸다. 대부분의 언론들은 혈세 22조 원이 투입되는 사업을 검증하지 않고 MB 정권의 나팔수가 되어 '국운융성 프로젝트'를 찬양했다. 단군 이래 최대 국책사업 현장에 가지 않고 책상 앞에 앉아 정부가 보내준 보도자료를 진실인 양 받아 적었다.

기계적 중립이라는 프레임 뒤에 숨은 언론도 많았다. 사실조차 왜곡될 때 찬반양론을 절반씩 싣는 건 중립이 아니라 편파이다. 세금 도둑을 보고 "도둑이야"라고 소리치는 것이야말로 '객관적'인 언론이 지켜야 할 태도였다. 매년 7~8월 녹조가 창궐하는 강에 가보면 그 실상을 대번에 알 수 있다. 4대강 바닥에 쌓인 시궁창 펄에 삽질 한 번만 해보면 알 수 있다. 4급수 지표종 실지렁이와 깔따구가 득실득실하다.

[전투] 4대강 독립군의 치열한 탐사보도

'수인번호 716번'처럼 그의 입에서도 쇳소리가 났다. 거친 경상도 사투리가 섞여 알아들을 수 없을 때도 많았다. 눈매가 매섭고 말투가 무뚝뚝해서 화를 내는 건지 아닌지 분간이 안 될 때도 있었다. 하지만 차에 타면 연거푸 하품을 하며 졸기도 했다. 고된 일을 마치고 술 한 잔을 건네면 금세 눈이 풀어지면서 '허당끼'를 발산하는 인간적인 환경운동가였다.

오마이뉴스 4대강 독립군 정수근 시민기자 이야기다. 그는 수인번호 716번에 맞서서 죽어가는 낙동강을 취재해왔다.

정수근 시민기자는 직업기자들이 침묵할 때 4대강 사업을 고발했다. 그가 직접 나선 이유가 있다. 환경운동가로서 그가 영남인 1300만 명의 식수원인 낙동강의 환경생태를 조사해 기자회견을 열어도 직업기자들이 한 명도 오지 않을 때도 있었다. 밤새워 성명서를 써도 기사 한 줄 나가지 않는 날도 많았다. 보다 못한 그는 스스로 카메라와 취재수첩을 들고 수인번호 716번의 쇳소리를 깨기 시작했다.

이명박근혜 정권 시절, 4대강 녹조가 언론에게는 반짝 이벤트였다. 녹조가 창궐하거나 물고기 떼죽음 사건이 터졌을 때에만 잠시 현장으로 몰려왔다가 썰물처럼 빠져나갔다. MB 정권 때 입에 침이 마르게 4대강 사업을 칭찬했던 언론들은 죽어가는 강을 보도하면서도 반성하지 않았다. 유체이탈 화법의 대명사였던 이명박, 박근혜 전 대통령과 크게 다를 바 없었다.

하지만 오마이뉴스 4대강 독립군들은 달랐다. 거의 매일 4대강에 나가서 '나홀로 전투'를 했고 매년 탐사보도팀을 구성해 4대강의 죽음을 알렸다.

2016년 8월, 4대강 독립군들은 '4대강 청문회를 열자' 탐사보도를 했다. 비단결같이 흐른다는 데에서 그 이름이 유래한 금강의 물이 4대강 사업 이후 걸쭉한 녹조밭으로 변했다. 4대강 독립군은 악취가 풍기는 금강의 처참한 모습을 기사로 매일 쏘아 올렸다. 스마트폰으로 SNS 생중계를 하면서 낙동강으로 이동해 탐사보도를 이어갔다.

정수근 기자는 이때 낙동강 전투를 안내했다. 낙동강 달성보 하류 3킬로미터 지점인 박석진교에서 4대강 독립군에 합류한 오마이뉴스 이희훈 기자의 드론 영상은 널리 회자되었다. 낙동강은 녹색 강이었다. 녹조가 수 킬로미터에 걸쳐 꽉 찬 강물 위에서 세계 명문대학 조정 축제가 열리고 있었다. 수자원공사의 모터보트 두 대가 강을 휘저어서 녹색빛이 옅어지면 조정 선수들이 투입돼 경기를 치르는 황당한 상황이 연출됐다.

[녹조라떼] 4대강 사업 폐해의 대명사

'녹조라떼의 강'.

이 신조어는 그 이전부터 4대강 사업의 실패를 상징하는 말로 굳어졌다. 이 조어를 만든 이는 정수근 기자였다. 그가 오마이뉴스에 기사를 올리면서 이 단어를 처음으로 사용했다.

"4대강 사업 초기에 녹조가 창궐하는 것을 본 사람들 사이에서 '녹차라떼'라는 말이 유행했죠. 그런데 녹차라떼를 파는 카페 등에서 항의한다는 소리를 들었어요. 지인들과 이런 이야기를 하다가 '그럼 녹조라떼로 부르자'고 했고, 제가 성명서와 오마이뉴스 기사를 통해 공식적으로 알리면서 이 말은 4대강 사업의 폐해를 알리는 대명사로 굳어졌습니다."

당시 정수근 기자를 비롯한 4대강 독립군은 4박 5일 동안 탐사보도를 하면서 38개의 기획 기사를 썼다. 120시간 동안 현장에서 개고생을 하면서 쓴 기사였다. 정 기자는 김종술 기자와 함께 낙동강에서 4급수 지표종인 실지렁이를 처음으로 발견해 특종보도했다. 시궁창 펄에서 사는 실지렁이들이 영남인들의 식수원에서 발견된 것이어서 사회적 파장은 더 컸다.

그해 4대강 독립군 정수근, 김종술, 이철재 시민기자는 한국기자협회가 시상하는 '이달의 기자상'을 받았다. 이 상은 통상적으로 기자협회 회원으로 가입한 직업기자들에게 주어졌다. 기자협회는 대부분의 언론들이 4대강 사업에 침묵할 때 끈질기게 취재한 시민기자들의 공적을 인정한 것이다.

[특종] 강준치 배 속을 가득 채운 기생충

4대강 사업 이후 금강에서 처음으로 물고기 떼죽음 사건이 벌어졌다. 2012년 10월이었다. 김종술 기자는 수십만 마리의 물고기 떼죽음을 특종보도했다.

낙동강 칠곡보에서도 같은 해 수십만 마리의 물고기 떼죽음 사건이 발생했다. 4대강 물이 댐으로 담수된 이후 물고기 떼죽음 사고는 해마다 반복됐다. 대부분의 언론들은 낙동강으로 몰려왔다. 이들은 수십만 마리가 폐사한 현장을 묘사하는 한편 '원인불명'이라는 정부 발표 자료를 인용하는 것으로 '기계적 균형'(?)을 갖춘 객관적인 기사를 쓴 뒤 현장을 빠져나갔다.

낙동강 지킴이였던 정 기자는 달랐다. 사진 한 장이 수많은 텍스트 기사보다 위력을 발휘할 때가 많다. 그는 2014년 12월에 한 가지 괴이한 광경을 최초로 보도하면서 4대강 사업으로 죽어가는 낙동강의 심각한 상황을 독자들에게 알렸다. 낙동강의 한 어부가 죽은 강준치의 배 속에서 꺼낸 기생충 사진이었다. 하지만 아쉽게도 당시 이 기사는 큰 반향을 불러일으키지 못했다.

그는 언론들이 떠나버린 낙동강을 계속 취재했다. 그러다가 2016년 2월에 강준치 배 밖으로 나온 흰색 끈 같은 것을 발견했다. 한두 마리가 아니었다. 강준치의 배를 가르자 50센티미터에 달하는 나무젓가락 굵기의 기생충이 가득 차 있었다. 그는 전문가와 함께 현장을 취재하면서 그 이상한 끈의 정체가 1년 전에 본 촌충 '리굴라(Ligula sp.)'라는 것을 밝혔다. 이 기사가 나간 뒤에 많은 언론들이 낙동강으로 몰려왔다.

4대강 현장을 끈질기게 지켜온 한 시민기자의 특종에 독자들은 크게 공분했다. 기사에는 분노의 댓글이 주렁주렁 달렸다.

"이명박을 비롯한 4대강 국민사기극에 찬성한 모든 인간들을 한

명도 빠짐없이 구속하고 개인재산 압수하여 국고로 환수시켜야 나라의 법질서가 바로 선다."(막차손님)

"강준치 배에서 너덜거리는 기생충을 다 모아 녹조라떼와 맛있게 섞어 ○○○ 입속에 넣어야."(Gabriel Moon)

[눈물] 글 쓰는 환경운동가

정수근 기자는 녹색평론사에서 10여 년 동안 근무하다가 환경운동을 시작했다. 수인번호 716번이 4대강 공사를 밀어붙이던 2009년부터는 낙동강을 취재했다. 그동안 배웠던 환경 상식으로는 도무지 이해할 수 없는 게 4대강 살리기 사업이었다. 그는 "국토 리모델링 사업이 아니라 국토의 혈맥을 막는 '국가 망조 사업'"이라고 말했다.

언론에 이런 이야기를 아무리 해도 대답 없는 메아리에 그칠 때가 많았다. 현장을 조사하고 돌아와 기자회견문을 작성하고 밤새워 성명서와 피켓을 만들던 그는 참다 못해 직접 블로그를 시작했다. 현장 조사를 할 때는 사진기자처럼 카메라를 들었다. 기자회견을 할 때도 자기 취재수첩의 기록을 보면서 브리핑을 했다.

그는 더 많은 사람들에게 4대강 사업의 진실을 알려야 한다는 절박함을 갖고 있었다. 2009년 3월에 그는 4대강 사업을 집중 보도하던 오마이뉴스의 시민기자로 등록했고, 지금까지 오마이뉴스에 올린 4대강 기사만도 500여 건에 달한다.

"정권에 따라 마구 휘둘리는 언론을 볼 때 국민 한 사람으로서 실망합니다. 언론인들은 우리 사회를 이끌어가는 엘리트 집단인데, 권력에 빌붙어서 먹고살 일에 골몰하거나 권력의 압력에 굴복하는 모습을 보여왔습니다. 그래서 제가 시민기자로 나선 겁니다."

오마이뉴스 4대강 독립군은 2017년 7월에도 낙동강을 탐사보도했다. 김종술 기자는 4대강 사업의 마지막 공사구간이었던 영주댐에서 녹조가 가득 찬 장면을 드론으로 찍어서 보도했다. 현장을 안내하며 함께 취재했던 정 기자는 "1조 1000억 원이 든 영주댐의 건설 목적은 낙동강이 오염됐을 때 댐에 가둔 물을 흘려보내 물을 맑게 한다는 것이었다"면서 "하지만 이 물을 방출하면 낙동강은 더 썩는다"고 분통을 터뜨리기도 했다.

4박 5일간의 취재를 마친 뒤에 정 기자에게 "가장 힘들었을 때가 언제였는지"를 물은 적이 있다.

"2012년에 낙동강 댐을 준공했을 때입니다. 그 전에는 4대강 사업을 막아보겠다고 여러 사람들과 함께 싸웠죠. 공사 현장에 가서 강이 파괴되는 모습을 기사로 고발했습니다. 불법 공사 현장에서 인부들과 부딪치고, 수자원공사 직원들과 멱살잡이하며 대판 싸우다가 공사장에 드러눕기도 했죠. 막상 준공식을 하니 맥이 풀렸습니다. 우울증을 심하게 앓았습니다."

그는 낙동강가에서 눈물도 많이 흘렸다.

"지구별에 하나뿐인 모래강 내성천, 비경 중의 비경인 이곳에 콘크리트 쇠말뚝을 박았습니다. 맑은 물을 가두니 녹조 범벅이었죠. 1 급수를 똥물로 만들어놓고 그 물로 낙동강을 맑게 하겠다는 게 말이 되나요? 눈물이 났습니다.

내성천에는 가족들과도 여러 번 갔습니다. 힘겨운 전투를 치르고 위안을 얻으려고 가는 곳이었죠. 야생동물 흔적과 아름다운 모래톱, 왕버드나무 등 원시림을 방불케 하는 그곳이 녹조로 물들었을 때 내성천의 최후를 본 것 같은 기분이었습니다."

그에게는 중학교 1학년과 초등학교 5학년이 된 아이들이 있다. 그는 "한창 아빠한테 재롱을 피우고 커나갈 시기에 저는 주말도 없이 바쁘게 살았다"면서 "첫째 녀석은 스케이트 시합에 나갈 때 아빠와 함께 가자고 많이 졸랐는데 어느 순간부터 아빠를 찾지 않는다"면서 씁쓸해했다.

[목소리] '이명박근혜'의 거짓을 향해

최근 정수근 기자의 쇳소리가 잦아들었다. 목 수술을 했다고 한다. 그의 쇳소리는 어릴 적에 목을 심하게 다쳐서 나오는 파열음이었다. 그가 차만 타면 졸았던 것도 목이 불편해서였다. 환경운동가와 기자라는 1인 2역을 하면서 밤새 기사를 쓰는 날도 많았지만, 목의 기도가 좁아서 체내에 들어가는 공기를 차단했기에 피로가 풀릴 날이 없었던 것이다.

이명박, 박근혜 정권 시절에는 그의 카랑카랑한 쇳소리가 절실했다. 죽은 언론의 시대, 정 기자의 기사는 단군 이래 최악의 토목공사인 MB의 4대강 사업의 거짓과 직업기자들의 비겁함을 깨는 정론직필의 쇳소리이기도 했다. 그는 카메라와 취재수첩을 들고 죽어가는 낙동강과 함께 몸부림치며 기사를 썼다.

4대강 독립군은 이명박근혜 정권으로부터 4대강을 해방시키자는 취지로 현장 취재와 탐사보도를 이어왔다. 박근혜 탄핵 촛불은 이명박 전 대통령의 구속으로 옮겨붙었다. 하지만 아직도 4대강엔 봄이 오지 않았다. 4대강 사업의 진실은 아직 드러나지 않았고 두 전직 대통령이 4대강에 채운 족쇄인 16개 댐도 건재하기 때문이다.

이제 시작일 뿐이다. 그는 친일 잔재처럼 우리 사회 곳곳에 남아 있는 4대강 부역 정치인, 관료, 학자, 언론인 등을 청산하는 작업을 하고 싶다고 했다. 4대강 사업의 진실을 밝히는 동시에 다른 목소리도 내고 싶다고 했다.

"강은 인간만을 위한 공간이 아닙니다. 강은 스스로 살아 있는 생명체이고 다양한 생명들이 공존하는 생태계입니다. 이명박근혜 정권 때 숨통이 막힌 4대강이 진정으로 해방되는 모습을 보여드리고 싶습니다. 물론 4대강을 망친 자들에게는 구상권까지 청구해서 공사비뿐만 아니라 사회적 갈등 비용까지 환수해야만 두 번 다시 4대강 사업이라는 황당한 토목사업이 벌어지지 않을 겁니다."

강이 흘러야
삶이 아름답다

── 지역사회의 복원을 위하여

경기도 여주 남한강변, 한 남자가 가파른 모래산을 기어오른다. 양복 바짓가랑이에 모래먼지가 허옇게 달라붙는다. 검은 구두 밑으로 모래와 자갈이 굴러떨어진다. 숨을 몰아쉬며 7~8분 동안 30미터 높이의 고지에 오른 그는 주변에 을씨년스럽게 솟은 인공산을 가리키면서 4대강 골재가 방치된 현장을 고발하는 멘트를 날린다.

"컷!"

오마이뉴스 〈삽질〉 제작팀이 만족스럽게 오케이 컷을 외쳤다. 모래산 아래쪽 급경사에서 삼각대를 이용해 촬영하던 제작팀은 철수 준비를 했다. 그런데 그 남자가 모래산을 올라가는 모습을 드론으로 촬영하던 오마이뉴스 4대강 독립군 김종술 기자의 입에서 김새는 말이 튀어나왔다.

"어, 녹화 버튼을 누르지 않았네. 어쩌죠?"

그 남자는 "환장하겠다"며 가슴을 친 뒤 모래산에서 내려와 다시 기어오르기 시작했다. 우리는 10년 동안 함께 현장을 취재했지만 영상 취재는 이번이 처음이었다. 익숙지 않아 좌충우돌했다. 이미 두 번이나 올랐지만 제대로 된 영상을 얻지 못했다. 하지만 우리는 얼굴 찌푸리지 않고 다시 한번 촬영에 돌입했다. 허무맹랑한 4대강 사기극을 좀 더 많은 사람들에게 알릴 수 있는 기회였기 때문이다.

[남한강] 모래산을 기어오르는 남자

여기서 그 남자는 이항진 여주시장이다. 양복 차림으로 모래산을 올랐을 때 여주시의원이었던 그는 6개월 뒤 2018년 6월 지방선거에서 자유한국당 후보에게 300여 표 차이로 이겨 여주시 행정수반으로 변신했다. 그에게는 4대강 사업이 주요한 출마 이유였다.

"4대강 싸움을 하면서 폭력적인 토건 세력과 지방 토호 권력, 정치 세력이 결탁하는 것을 봤습니다. 4대강은 이런 집단들에 의해 농락을 당했습니다. 관료사회는 시민사회의 여론을 조작했습니다. 언론은 정권의 주장을 앵무새처럼 반복했죠. 저는 반대를 위한 반대만 하는 '빨갱이'로 매도됐습니다. 이렇게 취약한 지역을 근본적으로 뜯어고치자는 생각으로 출마했죠."

처음에 그는 4대강 사업 시공사인 재벌 건설사와 싸웠다. 그들과 실랑이를 하다 보니 그 배후에 정치권력이 도사리고 있었다. 동네 이장과 면장들에게 멱살을 잡히는 건 일상이었다. 이들을 조종한 건 지역 관료들이었다. 재벌 건설사로부터 하청을 받은 지역 토호 건설업자들은 관료들과 4대강 사업 반대 주민들을 매수하기도 했다.

동네에는 이 시장을 쫓아내야 한다는 현수막도 걸렸다. 나중에는 주먹 좀 쓴다는 건장한 사람들이 몰려와 협박과 미행을 했다. 신고를 받고 출동한 경찰은 구경꾼이었다. 그들은 이 시장의 아내가 운영하던 식당 주차장에 나사못을 뿌리기도 했다. 손님들이 몰고 온 차의 타이어에 펑크를 내기 위해서였다. 언론들은 4대강 사업을 검증하지도 않고 일방적으로 찬양했고, 환경운동가들을 지역 발전의 걸림돌이라고 비난했다.

결국 식당을 접어야 했다. 800평에 달하는 아주 잘나가는 한옥 식당이었다. 그걸 팔아 4대강 싸움을 하면서 진 빚을 갚았다. 그는 그 뒤 마을회관에 들어가 살았다. 월세 20만 원이었다.

이 시장은 "지금까지 싸움을 하면서 힘이 들기는 했지만 4대강을 살리는 것이 내겐 더 중요한 가치"라면서 "지역사회까지 잠식한 부정의 카르텔을 깨지 않는다면 제2, 제3의 4대강 사업이 재연될 것"이라고 말했다. 환경운동가가 제도권 정치의 문을 두드린 이유이기도 했다.

그는 골재산 위에 서서 이렇게 말했다.

"MB 정부는 4대강 살리기 사업을 통해 34만 개의 일자리를 창출하고 40조 원의 경제부양 효과를 내겠다고 공언했죠. 국민 세금을 한 푼도 들이지 않고 4대강 골재를 판 대금으로 경부운하를 건설하겠다고 했습니다. 그런데 남한강변에는 5년 묵은 골재산이 즐비합니다.

농토였던 적치장의 임대료가 골재 판매 대금보다 비쌉니다. 지방자치단체에서 일부 수령한 골재 판매 대금은 4대강 사업 때 천연 습지를 메우고 만든 수백 개 '생태공원'의 잡초를 뽑고 나무를 심는 데 쓰이고 있죠. 대부분의 공원은 민가와 떨어져 있기에 아무도 찾지 않는 유령 공원입니다."

[충격] 5년 동안 썩어 4급수로 변해버린 강

2007년 당시 이명박 한나라당 대선 후보가 한반도 대운하 공약을 내걸었을 때 그는 여주 환경운동연합 집행위원장이었다. 그 뒤에도 전국 차원에서 구성된 4대강 범국민대책위원회의 전국상황실장을 맡아 저항했다. 그는 여주시의원이 된 뒤에도 매년 4대강 독립군들과 현장 탐사보도를 함께하면서 4대강 사업의 문제점을 끊임없이 제기했다.

내가 그를 처음 본 것은 이명박 전 대통령이 한반도 대운하 공약을 내걸었을 때인 2007년 7월이었다. 나는 운하 예정지를 돌며 르포기사를 썼다. 남한강에서 만난 그와 함께 여주대교 밑의 강물에 들어가 몸으로 수심을 재면서, 뱃길을 내려고 그곳을 6.6~9미터의 수심으로 판다는 운하 계획서의 문제점을 고발했다. 그는 본류의 수위 변화에 따라 수많은 지천의 제방과 다리도 위험해질 수 있다고 지적하기도 했다.

그의 우려는 현실이 됐다. 오마이뉴스 4대강 독립군들은 매년 한두 번씩 공동으로 현장 탐사보도를 했는데, 2016년 9월에도 그를 만났다. 비포장길로 차를 몬 그는 경기도 안성과 장호원을 지나 남한강으로 흘러들어가는 청미천 하류에 있는 삼합교 아래로 취재팀을 안내했다.

"여기 나이테처럼 표시가 나 있는 게 보이죠? 이게 4대강 사업 후 지금까지 해마다 모래가 빠져나간 흔적입니다."

그 나이테의 위쪽 끝 지점은 사람의 키를 훌쩍 넘겼다. 2미터 정도였다. 이곳은 남한강 합수부에서 2.5킬로미터 떨어져 있다. 남한강 바닥을 3미터로 준설한 뒤에 역행침식(본류 준설로 인해 지천의 모래가 쓸려 내려가는 현상)이 심각하게 진행된 것이다.

"지금까지 확인된 것만 해도 여주시 인근의 신진교 등 지천 다리가 4대강 사업의 영향으로 5개 이상 무너졌습니다. 이 다리도 조만간 검사를 받아야 할 것 같습니다."

그의 차를 타고 청미천과 남한강 합수부로 향했다. 맨 먼저 눈에 띈 건 두 강이 만나는 지점에 쌓아놓은 하상 보호공이었다. 그물망에 자갈을 넣어 굵은 밧줄로 얼기설기 엮어놓았는데, 청미천의 역행침식 방지용이었다. 청미천에서 더 이상 물이 공급되지 않았기에 보호공은 바깥으로 드러나 있었다. 그 위에 바짝 마른 조개와 우렁, 재첩의 사체가 즐비했다. 남한강 본류 물가에서 멸종위기종 2급 동물인 삵이 죽어 있는 것도 발견했다.

"이 보호공은 몇 번이나 무너졌습니다. 지금은 퇴적토가 쌓여서 양쪽이 수평을 이루고 있기에 쓸모없게 됐습니다. 4대강 공사를 할 때 바로 앞쪽까지 수심 3미터로 팠습니다. 청미천 토사가 밀려와 저기 남한강 중간까지 퇴적됐습니다. 몇 년 뒤에 일어날 일도 예상치 못한 날림공사였습니다."

청미천은 남한강에서 퍼낸 모래로 인해 '배고픈 강'이 되었지만 남한강 주변에는 팔리지 않은 준설토가 산처럼 쌓여 있다. 합수부에서 50여 미터 떨어진 골재 적치장으로 올라갔다. 높이만도 30미터다. 골재가 바람에 날리지 않도록 덮어놓은 녹색 그물망은 군데군데 찢겨 있었다. 그 틈에서 잡초가 자라고 심지어 아까시나무도 훌쩍 커 있었다.

당시 그는 이포보와 강천보 등 4대강 사업으로 물이 정체된 구간 네 곳을 안내했다. 4대강 독립군들이 금강과 낙동강에서 찾아낸 실지렁이와 붉은 깔따구가 한강에도 존재하는지를 확인하기 위해서였다.

환경부의 수질등급별 수생생물 판정 기준표에 따르면 4급수에는 실지렁이류, 붉은 깔다구류, 꽃등에, 종벌레 등이 산다. 환경부는 이 물의 용처를 공업용수 2급, 농업용수로 분류했다. 하지만 수돗물로 사용할 수 없고 오랫동안 접촉하면 피부병을 일으킬 수 있는 물로 표기하고 있다.

이날 처음으로 조사한 곳은 4대강 사업으로 만든 이포보에서 상류 쪽으로 4~5킬로미터 떨어진 지점이었다. 현장에는 저수지나 늪에 서식하는 정수 수초인 '마름'이 깔려 있었다. 겉으로 보기에 물은 맑아 보였는데, 삽을 들고 물속으로 2미터가량 걸어 들어가자 발목까지 펄에 박혔다. 한 삽을 찔러 넣고 퍼 올리자 짙은 회색의 펄 흙이 올라왔다.

입자가 가는 흙에서 시큼한 냄새가 풍겨왔다. 손으로 흙을 헤집자 붉은 생명체가 꿈틀거렸다. 새끼 손가락 길이의 실지렁이가 무려 20여 마리나 나왔고, 다슬기도 3~4마리 들어 있었다. 저질토(물속 바닥에 퇴적된 진흙 같은 토양)가 쌓이면서 수생태계가 급격히 악화되고 있다는 증거였다. 특히 이곳은 4대강 사업 이전에는 모래톱이 발달해 있고 여울이 형성되어 있었다. 당시 이항진 여주시의원이 남한강에서 처음으로 4급수 지표종을 발견하자 환경단체들이 서둘러 성명을 발표하고 수도권의 기자들이 그곳으로 몰려갔다. 한강은 2500만 명의 식수원이었기 때문이다.

"집 근처 하수도 시궁창에 사는 놈이 상수원 보호구역에 서식하고 있다는 게 충격적입니다. 저기 모퉁이만 돌면 경기 지역 주민들의 취수원이죠. 4대강 사업 초기 독일에서 온 학자가 '5년 정도 지나면 강이 썩고 낯선 생명체가 나타날 것'이라고 주장했을 때 설마 했는데, 현실이 되어버렸네요."

탐사보도팀은 그때 강천보 상류 '우만리 나루터' 주변에도 갔다.

입구에는 여주시장 명의로 '여기는 상수원 보호구역입니다'라고 적힌 표지판이 세워져 있었다. 인근 영동고속도로 밑에서 물살을 가르며 수상스키를 즐기는 시민도 있었다. 강변은 환경부가 생태계 교란 야생식물로 지정한 '가시박'이 뒤덮고 있었다.

그가 양복을 입은 채 가슴팍까지 잠기는 물속으로 들어가자 자갈과 모래가 사라지고 펄 흙의 감촉이 느껴졌다고 했다. 강변에 한 삽을 퍼놓고 악취가 진동하는 펄 흙을 뒤적이자 실지렁이가 나타났다. 대충 찾았는데 7마리가 발견됐다.

"이곳은 세계적인 멸종위기종 새들이 날아들 정도로 꼭 보존해야 할 지역이죠. 4대강 사업 초기에 이곳을 찾았던 정세균 국회의장에게 강물을 떠서 드리고 나도 그냥 마셨던 곳이기도 합니다. 그런데 오늘 4급수에 서식하는 실지렁이를 보고서 큰 충격을 받았어요."

2017년 6월에도 4대강 독립군은 이항진 시장과 함께 같은 장소를 조사했다. 놀라울 정도로 상황은 악화되고 있었다. 한 삽에 딸려오는 실지렁이의 개체 수가 전해에 비해 3~10배 이상 치솟았다. 양복을 입고 물속에 들어가서 삽질을 했던 이 시장은 이렇게 말했다.

"충격적이고 공포스럽네요. 남한강 물이 이렇게 썩을 줄은 몰랐습니다. 이 물은 흘러 흘러 경기도 양수리에 이르면 서울과 경기도 등 수도권 시민 2500만 명의 식수원이 됩니다. 이명박 정권 때 4대강 사업을 하면 먹는 물이 4급수로 전락한다는 4대강 반대론자들의 우려를 '괴담'이라고 비판했는데 그 괴담은 진실이 되어가고 있습니다."

[저항] 흘러야 강입니다

그가 한 다리 위에서 차를 멈췄다. 충청북도와 강원도를 가로지르는 남한강대교였다. 그는 탄성부터 질렀다.

"와, 이게 강이죠."

다리 밑에서는 영화 〈흐르는 강물처럼〉의 한 장면이 연출됐다. 강물 중간에서 세차게 흐르는 여울에 들어간 사람들이 긴 낚싯대를 드리우거나 휘두르면서 플라이 낚시를 즐기고 있었다. 아침 햇살을 받아 은빛으로 반짝이는 강물에 몸을 허리께까지 담근 사람들이 20명쯤 됐다. 강변에는 반질반질한 자갈밭이 펼쳐져 있다. 이 시장은 한마디 보태다가 말을 흐렸다.

"다리 밑도 한번 보세요. 물속 자갈이 훤히 비치죠? 저기 물고기도 보이네요. 남한강의 거의 전 구간이 이런 곳이었어요. 그런데 남한강 바닥에서 3500만 세제곱미터의 자갈과 모래를 퍼낸 뒤에는……."

당시 그는 여주시의원이었고 지금은 여주시장에 당선됐지만, 여전히 왕성한 현장 활동을 벌이는 환경운동가의 모습을 잃지 않고 있다.

"시장이 되면 강을 복원할 겁니다. 복원의 의미는 물을 흐르게 하는 것만이 아닙니다. 강에 대한 사람들의 생각이 바뀌지 않으면 '제2, 제3의 4대강 사업'이 벌어질 겁니다. 강물에 들어가봐야 생각이 바뀝니다. 흐르는 강물이 인간의 삶을 얼마나 풍요롭게 하는지를 느껴야 합니다. 그 속에 사는 생명체들과 교감을 해봐야 강의 소중함을 알 수 있습니다. 그러면 강에 물만 흐르는 게 아니라 풍부한 문화가 흐르게 될 겁니다.

제도 개선도 중요하지만…… 제가 4대강 사업에서 목격한 이상한 일들, 파괴적인 일들이 어떻게 가능했는지 아직도 오리무중입니다. 시민들을 위해 복무하는 행정기관이 대체 어떤 일들을 저지른 걸까요? 그걸 알아야만 진정한 행정기관으로 거듭날 수 있다고 판단합니다. 지금까지는 베일에 가려져 있죠. 강뿐만 아니라 지역사회 등을 총체적으로 복원하고 싶습니다."

4대강 독립군이었던 그의 '4대강 독립 시정'을 기대한다.

다시 쓰는 'MB의 시간'

—— 4대강 인명사전부터 백서까지

수인번호 716번은 베스트셀러 작가였다. 그는 대통령으로 지냈던 5년간의 기록을 담은 회고록 《대통령의 시간》을 2015년 2월 세상에 내놓았다. 조직적으로 책을 사재기했다는 의혹이 제기되는 가운데 800쪽에 달하는 두툼한 책은 수만 부가 팔려 나갔다. 이명박 전 대통령은 이 책의 서문을 이렇게 시작했다. "앞만 보고 달려온 사람이 뒤를 돌아보았다. 이 책은 나의 대통령 시절 이야기다."

뒤를 돌아보니 자화자찬할 것밖에 눈에 띄지 않았나 보다. 4대강 사업 이야기가 실린 9장의 제목을 '5년 대통령이 100년을 보다'로 지은 것만 봐도 알 수 있다. 100년을 내다보는 혜안을 갖고 있다는 뜻이다. 그는 "그린 뉴딜 4대강 살리기 사업으로 금융위기의 해법을 찾았다"고 자평했다.

한때 '대통령의 시간'을 만끽했던 그는 지금 100억 원대의 뇌물수수 혐의로 법의 심판을 받고 있다. 이런 그에게 소개하고 싶은 사람이 있다. 수인번호 716번이 자신의 잘못을 되돌아보며 대통령의 시간을 다시 쓴다면 꼭 만나야 할 사람이다. 오마이뉴스 이철재 시민기자다.

이 전 대통령은 책의 많은 분량을 4대강 사업 업적에 할애했다. 이철재 기자도 800쪽에 버금갈 '4대강 백서'를 쓰고 있다. 이 전 대통령은 회고록에서 깨알같이 자기 자랑을 늘어놨지만, 이철재 기자는 4대강을 망치고 세금을 낭비하면서 민주주의도 훼손한 이 전 대통령의 죄상을 기록하고 있다.

"4대강 사업을 제대로 청산하기 위해 우리는 4대강 사업의 실패로부터 교훈을 얻어야 합니다. 4대강 사업이 어떻게 정치사회 시스템을 파괴했는지, 그 과정에서 MB와 부역자들이 지은 죄는 무엇인지, 이들의 과오가 4대강 생태계뿐만 아니라 농어민들의 삶을 어떻게 핍박했는지를 기록으로 남길 겁니다. 4대강 사업은 탐욕의 결과물입니다. '우리 안의 이명박'을 성찰하면서 4대강의 희망도 백서에 담겠습니다."

[낙동강] 자전거를 탄 고발자

내가 이철재 기자와 함께 4대강 사업을 검증하기 시작한 때는

2013년 10월이다. 태풍 다나스가 부산 쪽으로 북상한다는 뉴스가 신문에 오르내리던 때였다.

오마이뉴스는 환경운동연합과 공동으로 '흐르는 강물, 생명을 품다-두 바퀴 현장리포트 OhmyRiver!'를 기획해서 낙동강 '떼잔차질'을 시작했다. 6박 7일 동안 노숙을 하고 마을회관이나 수도원에서 잠을 자면서 페달을 밟았다. 360킬로미터에 달하는 거리를 달리기만 한 것은 아니었다. 4대강 사업으로 삶터를 잃은 농민과 어민을 만나 기사에 담았다. 우리와 뜻을 함께하는 교수와 다른 언론인들도 자전거를 타면서 죽어가는 4대강을 고발했다.

덩치가 큰 이철재 기자는 떼잔차질의 고정 멤버였다. 몸무게 때문인지 그가 타는 자전거마다 고장이 났고 항상 뒤처졌다. 그럴 때마다 한마디씩 했다.

"형님, 내가 느린 게 아니라 다른 사람들이 빠른 거요. 4대강을 제대로 봐야 할 거 아니오."

온몸이 땀으로 젖고 태풍이 몰고 온 비를 흠뻑 맞으면서도 그는 힘든 내색을 하지 않았다. 밤을 새워가면서 그날 취재한 것을 기사로 작성했고, 4대강 부역자들의 죄상을 알리는 기획기사까지 썼다.

결국 5일째 되던 날 탈이 났다. 상주 경천대에 만든 가파른 '이명박 자전거길'을 내려오다가 넘어져서 팔이 부러지는 중상을 입었다. 그는 한 손으로 자전거를 타면서 나의 인터뷰에 응하는 투혼을 발휘한 뒤 병원으로 후송돼 한쪽 팔을 깁스했다.

"형님, 집에 있기 미안해서 기사 한 개 보냈소."

그는 다음 날 집으로 가서 밤새워 한 손으로 노트북 자판을 두드리며 'MB에 충성했던 4대강 공직자… 지금도 잘 나가네'라는 제목의 기사를 썼다.

이명박근혜 정권으로부터 4대강을 독립시키자는 취지로 오마이뉴스 4대강 독립군이 결성된 것은 바로 이때였다. 금강과 낙동강 지킴이 김종술, 정수근 기자가 현장을 취재하면서 고군분투해왔다면, 이철재 기자는 4대강 사업의 문제점을 파헤쳐온 정책통이자 저항과 싸움의 역사를 정리해온 기록자였다.

[타임캡슐] 4대강 찬동인사 인명사전

이철재 기자가 '대통령의 시간'에 자행된 4대강 파괴 행위를 고발하려고 페달을 밟기 시작한 건 이보다 한참 전이었다. 이 전 대통령이 한반도 대운하 공약을 내건 2007년부터 거세게 저항했던 환경운동연합에서 그는 담당 국장과 정책실장을 지냈다. 검찰이 환경운동연합을 압수수색했던 2008년에 그의 컴퓨터도 털렸다. 그때 검찰 수사관이 했던 말도 기억하고 있었다.

"이런 거 말고 큰돈 없어요?"

그의 컴퓨터에는 한반도 대운하 반대운동을 하면서 연대 단체 간에 오간 참가비 등의 내역이 담겨 있었다. 검찰은 몇만 원의 푼돈에 실망했던 것이다. 압수수색 당시 검찰은 50여 박스 분량의 자료를 가져갔고, 언론들은 환경운동연합을 파렴치한 단체로 매도했다. 검찰은 불법 사실을 밝히지 못했지만, 수사 결과야 어떠했든 간에 환경운동연합은 저들의 의도대로 풍비박산 나고 말았다.

그는 그 뒤에도 4대강 사업에 대한 성명서를 쓰고 반박 논평을 발표하는 일을 전담했다. 정치권과 함께 4대강 정책과 관련된 심포지엄을 열어 토론의 장을 마련하기도 했다. 2009년 9월부터는 아주 특별한 일을 시작했다. 4대강 사업에 부역했던 찬동인사 인명사전을 만들어 발표하는 일이었다. '친일 인명사전'처럼 4대강 부역자들의 죄를 역사에 기록하는 일이었다.

"4대강 인명사전은 시민판 정책실명제라고 볼 수 있습니다. 요즘은 사과 하나를 생산하더라도 생산자의 이름을 밝히잖아요. 생산자가 책임지고 만들었으니 안심하고 드시라는 의미죠.

4대강 사업에는 22조 2000억 원의 혈세가 들어갔는데, 이것을 누가 추진했고 어떻게 책임질지에 대한 기록은 전무합니다. 책임을 물을 사람이 없는 거죠. 이명박 전 대통령을 비롯해 4대강 사업에 찬동한 사람들의 이름과 소속, 직책 등을 정확하게 기록해서 100년 동안 온라인 타임캡슐에 올려놓자는 취지로 시작했습니다."

그는 여섯 번에 걸쳐 각 분야별 4대강 찬동인사를 발표했다. 하지만 이 작업이 쉽지만은 않았다. 포털 사이트와 각 언론사 홈페이지에 들어가서 '한반도 대운하' '4대강'이란 키워드를 셀 수 없이 많이 쳤다. 이렇게 해서 그의 컴퓨터에 저장한 기사만 해도 수십만 개에 달한다. 매번 두세 달 동안 이 일에만 매달린 그는 모든 기사를 꼼꼼히 읽으면서 찬동인사의 발언과 행적을 추적해 발표했다.

찬동인사들의 발언 횟수와 사회적 위치, 발언의 강도 등을 엑셀 파일에 저장하면서 S급, A급, B급으로 분류했다. "고인 물은 썩지 않는다"는 비상식적인 발언은 비일비재했다. 서민경제가 천지개벽될 것이라는 식의 황당한 발언도 많았다. "3년 뒤에 4대강 사업 때문에 대한민국이 정말 잘사는 나라가 될 것"이라고 말한 학자도 있었다. 그는 왜곡과 부풀리기, 거짓말로 점철된 찬동인사들의 발언과 행태를 분류해서 250여 명의 4대강 부역자들을 정리했다.

"4대강 사업은 실패했다는 것이 드러났습니다. 막대한 세금을 낭비했죠. 강도 망쳤습니다. 4대강 사업을 띄우려고 학자적 양심을 저버린 자들, 세금 낭비를 초래할 사업인 것을 알면서도 앞장서서 추진한 관료와 정치인들을 역사적으로 단죄해야 합니다. 사회적·법적 책임도 물어야 하죠."

[에코큐레이터] 기억하기 위해 기록한다

그에게 가장 힘들었던 때가 언제였는지 물었다.

"한 기자가 제게 이런 말을 한 적이 있습니다. '일베를 취재하려고 사이트에 들어갔다가 혈압이 올랐다'고 말이죠. 4대강 찬동인사 인명사전을 만들면서 저도 그랬습니다. 자기 입신양명을 위해 너무 뻔뻔하게 거짓말을 하는 사람들을 보면서 화가 치밀었죠.

저는 현장에도 셀 수 없을 정도로 많이 갔습니다. 4대강 피해 주민들을 조사하기 위해서였죠. 할아버지와 할머니들이 눈물로 호소할 때 그분들의 마음이 고스란히 전해졌습니다. 현장 활동가로서 강에서 죽어가는 생명들을 볼 때도 가슴이 아팠죠."

그는 "4대강 사업은 실패가 예견된 사업을 최고 권력층이 국가 사정기관 등 모든 권력을 총동원해서 밀어붙인 사건"이라면서 "혈세를 낭비했을 뿐만 아니라 우리가 피땀으로 이룩했던 제도적 민주주의를 후퇴시켰고, 그 장본인은 이명박 전 대통령"이라고 정의했다.

"MB가 4대강 사업을 할 수 있었던 요인 중 하나는 곡학아세하는 전문가들의 활약이었습니다. 이들은 '고인 물은 썩는다'는 상식을 부정해서 우리 사회의 이성과 상식을 마비시켰습니다. 4대강의 회복은 강의 원래 모습을 되찾는 데 그치는 게 아니라 우리 사회의 이성과 상식의 회복이어야 합니다. MB 정권이 후퇴시킨 민주주의의 귀환이어야 합니다."

그는 4대강 백서를 '징비록'이라그 표현했다.

"이 전 대통령의 《대통령의 시간》은 그의 전매특허인 유체이탈 화법의 결정판입니다. 온라인이 발달해서 언제든지 기사 검색을 통해 이 전 대통령의 거짓말을 확인할 수 있죠. 하지만 파편적인 사실만 파악할 수 있을 뿐입니다. 체계적으로 분류해 의미를 담아야 기록의 가치가 있고, 교훈을 얻을 수 있습니다. 다시는 이런 실패를 재연하지 않아야 합니다. 4대강 징비륵이라고 할 수 있죠."

징비록을 만들기 위해 책상 앞에 앉아 인터넷 서핑만 하는 게 아니다. 그는 전화를 걸면 항상 토론회장이거나 회의 중이라는 답 문자가 온다. 차비를 융통할 데도 없어 보이는데 지방 출장도 잦다. 4대강에서 쫓겨난 농민과 어민들의 이야기 조각을 모으면서 무너진 농어촌 공동체를 복원할 대안을 찾아다니고 있다.

누가 시켜서 한 일은 아니다. 월급이 나오는 것도 아니다. 2013년에 환경운동연합을 그만두고 '에코큐레이터'라는 명함을 들고 다니는 것은 파편적인 환경 정보를 모아 씨줄 날줄 엮는 일을 하고 싶기 때문이다. 4대강 부역자들의 부적절한 행적과 발언을 추적해 4대강 백서를 만드는 이유는 잊지 않기 위해서다. 기억하기 위해서다. 4대강의 실패로부터 교훈을 얻기 위해서다.

백수이지만 휴일도 없다. 2018년 3월 31일, 토요일인데도 4대강 사업에 농토를 빼앗긴 경기도 양평 두물머리의 한 농민을 인터뷰하러 나서는 그와 동행했다. 4대강 사업 당시 그곳의 유기농 농민들은 3년 동안이나 농지를 지키려고 거세게 저항했지만 대부분 쫓겨났다. 그가 만난 사람은 마지막까지 남은 4명의 농민 중 한 명인 최요왕 씨였다.

이철재 기자가 이날 최 씨의 인터뷰를 마치면서 4대강 백서에 담기 위해 마지막으로 취재수첩에 담은 말은 다음과 같았다.

"이명박이 구속됐다고 다시 과거로 돌아갈 수 있을까? 고향을 지키면서 유기농 채소 농가를 이어갔던 젊은 농민들, 귀농한 사람들은 대부분 쫓겨났어. 생협이 쪼개졌고 보상금을 놓고 우리끼리 싸우게 만들었어. 4대강 사업 때문에 이혼한 사람도 있어. 지금 남아 있는 사람들은 서먹서먹하게 지내. 빚을 내서 대토를 구한 농민들은 이자를 갚지 못해 파산한 경우도 있어. 과거의 모습으로 돌아가는 건 불가능하지.

이명박은 4대강 사업으로 저지른 죄가 너무 커서 아무리 오래 징역을 살아도 죗값을 치를 수 없지. 하지만 4대강 부역자들을 그대로 놔둔다면 또다시 사기를 칠 거야. 우리처럼 회복 불가능한 상태로 내몰리는 피해자들이 계속 나오겠지. 친일 잔재를 청산하지 못해서 우리가 지금도 고통을 받고 있는 것처럼 말이야."

2018년 3월 22일부터 2019년 3월 6일까지 감옥에 갇혔던 수인번호 716번이 '대통령의 시간'을 보낼 때 벌어진 일이지만 그의 베스트셀러에서는 빠진 이야기다. 지난 10년 동안 탐욕스러운 대통령의 시간을 낱낱이 기록해왔고, 지금도 현장을 누비며 4대강 백서를 만들고 있는 이철재 에코큐레이터를 응원한다.

1부
삽질
22조짜리 대국민 사기극

2부
추격
죽이는 자와 살리는 자

3부
검은 강
탐욕의 소용돌이에 맞서다

4부
지키는 자
4대강 현장, 그 12년의 저항과 기록

5부
흐르는 강을 위하여
민주주의의 귀환

댐 철거가 불러온 기적

—— 미국 취재기 1

2017년 한국 대선 D-30일 새벽, 비명을 지르며 꿈에서 깼다. 거실에서 자던 아내가 방으로 뛰어 들어왔다. 5~6명이 나를 캄캄한 하천 둑 아래쪽으로 끌고 가는 꿈. 이마에 식은땀이 흥건했다. 섬뜩한 악몽이었다.

"모처럼 떠나는 4대강 해외 취재가 대선 이슈에 묻히면 안 되는데……."

미국 취재를 떠나기 전에 주변에서 해준 우려의 말이다. 맞는 말이지만, 그래서 더 절박했다. 최순실 국정농단에 버금가는 중대한 사안인 만큼 대선에서 한마디라도 더 나와야 했다. 박근혜 구속 이후 적폐청산 대상 1호인 4대강 사업 문제의 해결을 각 정당 후보들의 공약에 넣는 데 작은 힘이라도 보태고 싶었다.

오마이뉴스 4대강 독립군은 2017년 4월 9일 오후 6시 40분 인천 국제공항에서 비행기를 타고 10시간을 날아 미국 시애틀 공항에 도착했다. 현지 시각 9일 오후 1시에 가이드가 취재진을 맞았다.

"오시느라 고생하셨어요. 어디부터 갈까요? 근처에 스타벅스 1호점이 있는데, 우선 거기서 커피 한잔할까요?"

4대강 독립군들은 서로 입을 맞춘 듯 같은 말을 했다.

"아뇨, 그냥 바로 가죠."

[엘와강] 위대한 귀환

4시간쯤 차로 달려 도착한 곳은 미국 북서부 워싱턴주 엘와(Elwha)강 하구였다. 내비게이션을 검색하면서 어렵게 찾아간 곳이다. 그곳에서 대자연의 신비가 4대강 독립군을 맞았다. 뜻밖의 소득이었다. 거대하게 펼쳐진 검은 모래 삼각주. 죽은 피부에 새살이 돋듯이 태평양과 만나는 어귀에 모래와 나무를 실어 나르면서 엘와강은 위대한 귀환을 알렸다.

"금강 시궁창 펄과 같은 색인데, 파보니 실지렁이가 없네. 여기서 나오면 대박인디."

4대강 독립군 김종술 기자는 장난기가 넘쳤다. 첫 해외 취재, 심지어 해외여행을 한 번도 한 적이 없지만 현장 적응력은 뛰어났다. 끝없이 펼쳐진 검은 모래사장을 샅샅이 뒤졌다. 강 하구로 쓸려온 수십 년 된 나무 더미 위에 올라갔다. 양손으로 모래를 퍼낸 뒤 코를 박고 냄새를 맡았다. 등산화를 신은 채 물속에 들어갔다가 물을 떠서 한 모금 마신 뒤 이렇게 말했다.

"크…… 물맛 좋다! 짠맛이 아니네. 철재야 이리 와봐. 너도 물맛 좀 봐라."

큰빗이끼벌레도 삼켰던 '온몸 불사형' 기자. 오마이뉴스 4대강 독립군의 맏형인 김종술 시민기자는 미국에 도착한 첫날부터 온몸으로 취재를 시작했다.

정수근 기자는 엘와강 하구 수평선 끝까지 가서 연신 카메라 셔터를 눌렀다. 모래 위에 찍힌 야생동물 발자국과 새똥까지 담았다.

"대단하네요. 자연이 진짜 살아 있네……."

김종술, 정수근 기자가 현장파라면 이철재 기자는 학구파다. 달리는 차 안에서도 자료를 뒤지고 책을 읽었다. 그에게 엘와강 하구를 본 소감을 물었다.

"이런 델타 지역(삼각주)은 상류의 엘와 댐이 철거된 뒤에 형성됐을 겁니다. 상류에서 흘러온 모래와 자갈이 자연스럽게 뒤섞인 퇴적 현상입니다. 이곳은 새들의 쉼터입니다. 저기 보이죠. 갈매기와 도요새, 저건 꼬마물떼새입니다. 한국 4대강 하구에선 볼 수 없는 모습입니다. 우린 하굿둑으로 강을 막았기 때문이죠."

이철재 기자의 예측은 맞았다. 다음 날 이곳 원주민인 로어 엘와 클랄람(Lower Elwha Klallam)족을 만났을 때 사진으로 확인했다. 클랄람족이 우리 일행에게 프레젠테이션을 할 때 보여준 2장의 사진에는 각각 엘와강 2개 댐을 허물기 전과 후의 모습이 담겨 있었다. 두 광경을 비교해보니 첫 취재 장소의 놀랄 만한 변화가 실감이 났다.

[2253킬로미터] 강의 회복을 눈으로 보다

4대강 독립군은 7박 9일 동안 차를 타고 2253킬로미터를 달렸다. 한반도를 왕복할 거리다. 밤 12시가 넘어 숙소에 도착한 날이 많았다. 그래도 다음 날이면 아침 7시부터 강행군을 했다.

우리는 댐을 해체한 뒤 강이 회복되고 있는 세 곳을 취재했다. 4대강과 같은 녹조 현상과 물고기 떼죽음에 시달리다 못해 4개 댐을 철거하기로 결정한 곳에도 갔다. 원주민과 댐 해체 기획 담당자를 만났고 전력회사도 방문했다.

이들의 말을 종합하면 미국이 댐을 허무는 이유는 '돈' 때문이었다. 전력과 용수를 얻기 위해 댐을 유지하기보다 없애버리는 편이 더 경제적이라는 판단에서였다. 댐은 수질을 악화시키는 등 환경도 죽였다. 미국은 이것도 돈으로 계산했다. 언제 붕괴할지 모른다는 불안감도 한몫했다. 경제가치와 안전, 환경가치는 일치했다. 댐은 특정인의 이익에 복무했지만 댐 해체는 공동체에게 이로웠다.

미국의 환경단체 아메리칸 리버스(American Rivers)에 따르면 미국은 지난 30년간 1172개의 댐을 부수고 2016년 한 해 동안에만 72개 댐을 해체했다. 경제를 살리고 환경도 살리겠다는 이유에서였다. 아이러니한 것은 이명박 전 대통령도 4대강에 16개 댐을 세우면서 똑같은 말을 했다는 사실이다. 누가 거짓말을 하는 걸까?

4대강 독립군은 워싱턴주 포트앤젤레스(Port Angeles)의 숙소에 묵었다. 아침 일찍 일어나 산책을 하다 보니 숙소 뒤편 저 멀리 높은 봉우리를 뒤덮은 만년설이 눈에 들어왔다. 첫 취재원은 올림픽 국립공원 부감독관 브라이언 윈터(Brian Winter) 씨였다. 그를 만나려고 원시림에 둘러싸인 올림픽 국립공원 방문자센터에 갔다.

그는 엘와강 복원 프로젝트를 총괄한 매니저였다. 올림픽 국립공원을 관통하는 엘와강의 엘와 댐과 글라인스 캐니언(Glines Canyon) 댐 철거를 주도했다. 엘와 댐은 2011년, 글라인스 캐니언 댐은 2014년에 폭파했다. 당시 미국 역사상 최대의 댐 해체 작업이었다.

윈터 씨는 4대강 독립군에게 1시간에 걸쳐 엘와강 복원 과정을 설명했다. 나는 인터뷰가 끝날 즈음에 한국의 4대강 상황을 설명한 뒤 이런 질문을 던졌다.

당신이 정책 결정권자라면, 4대강 16개 댐을 어떻게 할 건가요?

그는 사견임을 전제로 단호한 표정을 지어 보이며 "툭"이라는 의성어를 내뱉었다. 가슴에서 머리 위쪽으로 손을 올리며 4대강 댐을 거둬내는 손짓도 했다. 그는 "댐은 문제를 불러오기에 없애야 한다"면서 "단, 댐을 해체했을 때의 부작용을 최대한 경감할 조치를 취해야 한다"고 말했다.

[눈물] 댐으로 죽어간 연어들

그와 헤어진 뒤 로어 엘와 클랄람족 사무소에 갔다. 현관 앞에 두 마리 청동 연어가 눈물을 흘리고 있었다. 동상의 제목은 '엘와의 눈물'. 강 상류에서 태어나 바다로 나간 뒤 다시 산란장을 되찾아오는 100파운드(약 45킬로그램)짜리 치누크연어들이 댐에 코를 박고 죽어가면서 100여 년간 흘렸던 눈물이다.

클랄람족 사무소에서 1시간 30분에 걸쳐 어류 연구자 마이크 맥헨리(Mike McHenry) 씨의 프레젠테이션을 들었다. 그는 엘와강의 역사를 비롯하여 댐이 들어서기 전과 후의 탁도 변화 같은 수질 데이터와 연어 회귀 추이를 나타낸 그래프를 설명하는 한편, 우리가 전날 보았던 엘와강 하구의 변화된 모습이 담긴 항공사진을 보여줬다. 4대강 독립군은 그의 설명이 끝난 뒤 힘차게 박수를 쳤다.

그의 말 중 가장 기억에 남는 대목이 있었다.

"댐으로 가로막혀 퇴적토가 2100만 세제곱미터 정도 쌓였는데, 탁도가 심해서 저서생물(강 밑바닥에 사는 생물)이 줄어들고 수질 문제도 발생했습니다. 2015년에는 이 물을 정수해 먹는 2만 명의 포트앤젤레스 시민들이 불편을 겪었죠."

이 말을 듣고 1300만 명의 영남인에게 먹는 물을 공급하는 낙동강이 떠올랐다. 엘와강은 국립공원 지역이다. 4대강과는 달리 강으로 흘러드는 오염원이 없다. 그럼에도 먹는 물에 문제가 생겼다.

우리는 어떤가? 녹조가 창궐하고 펄밭에 실지렁이와 깔따구가 득실거려도 수문을 열지 않았다. 국격을 높이겠다고 말하던 이명박 전 대통령의 얼굴이 떠올랐다.

[깨달음] 강은 자유입니다

4대강 독립군이 엘와 댐으로 안내해줄 것을 부탁하자 프랜시스 G. 찰스(Frances G. Charles) 부족의장이 앞장섰다. 깎아지른 협곡 바위에는 다이너마이트로 댐을 폭파한 흔적이 남아 있었다. 수장됐던 곳을 복원하려고 심은 나무들이 비를 맞고 있었다. 빠른 속도로 협곡을 빠져나가는 물살은 곱고 짙은 푸른빛이었다. 올림픽 국립공원의 만년설이 녹아 흐르는 강이다. 통역이 말을 옮기고 있을 때면 어느 틈에 돌아서서 휴대폰 카메라에 엘와강을 담는 찰스 부족의장의 눈동자를 닮았다. 내가 그에게 물었다.

클랄람족에게 댐은 무엇이었습니까?

"댐은 장벽이었죠. 모든 걸 차단했습니다. 연어가 강에 오르는 것을 막았고, 연어가 다른 생물들과 만나는 것을 가로막았습니다. 또 연어가 우리 부족과 만나는 것을 막았고 우리 부족의 전통적인 문화적 가치를 후대들이 접하는 것을 각았습니다."

그에게 또 물었다.

강은 무엇입니까?

"강은 자유입니다."

우린 어떤 강물을 원하는가? "녹조는 물이 맑아진 증거"라는 궤변을 늘어놓은 이명박 전 대통령의 얼굴에 끼얹고 싶은 녹색 물인가 아니면 흐르는 강물인가?

강은 누구의 것인가? 5년짜리 대통령이 개인의 업적을 위해 자기 돈 한 푼 들이지 않고 맘대로 뒤엎을 수 있는 것인가 아니면 수천만 년 그곳에서 살아온 생명들의 것인가?

잔뜩 찌푸린 하늘, 4대강의 펄밭을 연상시키는 검은 모래언덕, 강에서 떠내려와 그 위에 수없이 엉켜 있는 나무들이 자아내는 을씨년스러운 풍경. 4대강 독립군들이 차에서 내려 모래인지 펄인지도 모를 땅을 밟기 전에는 꿈속 같았다. 검은 모래벌판에 들어서자 모든 게 달라졌다.

모래는 바람 향기를 품었다. 쓰러진 고목 아래에 피기 시작한 새싹, 모래 위에 남겨진 야생동물 배설물과 발자국, 모래톱 위에서 쉬고 있는 도요새와 갈매기들을 본 뒤에야 악몽에서 깨어났다. 두 댐을 철거한 지 3~5년 만에 생긴 기적이다. 우리 4대강에도 이런 기적이 찾아올 수 있을까? 지난 100년간 댐 정책에 실패한 미국으로부터 우리가 기억해야 할 한마디가 있다면 이것이다.

"강은 그 누구의 것도 아니다."

연어가 돌아왔다

—— 미국 취재기 2

4대강 독립군은 2017년 4월 12일 아침, 캘리포니아주 와이리카(Yreka)의 숙소에서 카룩(Karuk)족의 해피캠프(Happy Camp)로 출발했다. 구불구불한 96번 지방도로에 비가 흩뿌렸다. 가끔 농가가 나타났다. 4대강 독립군 김종술 기자는 차 안에서도 입을 쉬지 않았다. 넓은 언덕에서 한가롭게 풀을 뜯는 소를 보면 이렇게 한마디씩 했다.

"야, 이놈들은 좋겠네. 고개를 하나 넘어도 가시철망(농장의 경계)이 계속 이어지고 있잖아."

고개를 오를 때는 귀가 먹먹했고 내리막길에서는 차보다 더 빠른 강물이 흘렀다. 클래머스(Klamath)강이었다.

"여기서 잠시 쉬었다 가면 안 되나요?"

아무 말 없이 자다 깨다를 반복하던 정수근 기자의 말에 차가 잠시 멈췄다. 그새를 못 참고 카메라를 들고 일행과 멀리 떨어져서 사진을 찍었다. 이철재 기자가 채근했다.

"정 기자, 빨리 갑시다. 4대강 독립군 단체 사진 한 방 찍고."

구름을 목도리처럼 걸친 산과 거칠게 흐르는 클래머스강을 배경으로 사진을 찍고 서둘러 출발했다.

이곳은 수천 년 동안 원주민들에게 풍요의 강이었다. 하지만 1909년부터 1962년까지 강 상류에 높이 22~53미터의 큰 댐 4개가 세워진 뒤 비극이 시작됐다. 물고기가 떼죽음 당했고 녹조가 창궐했다. 연어잡이 그물은 쓰레기처럼 길가에 나뒹굴었다. 시름시름 앓는 사람도 늘었다. 고향을 등진 원주민은 일자리를 찾아 타지를 떠돌았다. 흐르지 않는 강. 그곳에 드리운 죽음의 먹이사슬 최상위에 인간이 있었다.

"우리 조상들이 사용했던 연어잡이 카약입니다. 통나무 속을 파서 만들었죠. 뒤쪽에 튀어나온 작은 기둥은 심장을 상징합니다. (2개의 볼록한 부분을 가리키며) 그 뒤의 이것은 폐를 형상화한 거죠. 우리 조상들은 카약도 인간처럼 영혼이 깃든 것으로 생각했습니다."

4대강 독립군이 차로 3시간을 달려서 만난 카룩족 정부 천연자연부 산하 수질국의 리프 힐먼(Leaf Hillman) 국장은 해피캠프에 전시된 연어잡이 도구를 설명했다. 100파운드짜리 연어를 잡는 데 썼던 거대한 투망, 물고기가 들어가면 창살이 저절로 닫히도록 만든 덫, 피 흘리지 않고 연어를 기절시키는 데 사용했던 몽둥이, 칠성장어를 잡았던 통발.

젊었을 때 어부였다는 그는 자기 부족의 영광스러운 역사를 길게 이야기하고 싶은 눈치였다. 하지만 우리에겐 시간이 많지 않았고 다른 궁금한 것도 많았다. 그에게 인터뷰를 요청했다.

클래머스강에 4개의 댐이 세워진 뒤 생긴 가장 큰 변화는 무엇인가요?

"강 상류로 올라오던 연어가 절멸했습니다. 카룩족은 수천 년 동안 연어잡이로 먹고살았죠. 1년 내내 시기별로 7종의 물고기들이 대이동을 합니다. 우리는 어장을 관리하면서 수익을 얻었습니다. 클래머스 유역 5개 부족은 지속 가능한 산란을 위해 협약을 맺었고, 물물교환도 해왔죠. 그런데 댐은 이 모든 공동체를 파괴했습니다."

경제 피해 규모를 비교할 데이터가 있습니까? 가령 연어잡이 소득의 증감 추이 같은 것 말입니다.

"1850년대에 유럽인이 들어왔습니다. 금광과 목재, 지하수 약탈을 시작했죠. 잠시 몰려들어 흥청거리다가 빠져나갔습니다. 달러의 변화로는 피해 규모를 설명할 수 없습니다. 자급자족 경제가치가 추락했거든요. 2005년부터 3개 보건소에서 발표한 건강 지표로 삶의 질을 측정할 수 있을 뿐입니다. 연어 어장 수 감소로 일자리가 줄어들었어요. 연어 섭취량이 줄어서 건강이 악화됐습니다."

경제 악화를 건강 상태로 설명하는 게 인상적이었다. 그는 "1960년대에는 심장병, 당뇨병, 고혈압이 거의 없었는데 지금은 미국 전체 평균의 6~10배에 달한다"고 말했다.

[철거] 강을 강답게 내버려둬야 한다

 이제 카룩족은 100년간 이어진 비극의 해소를 눈앞에 두고 있다. 2016년 4월 미국 역사상 최대의 댐 철거 프로젝트인 클래머스강 4개 댐 동시 해체가 결정됐다. 2020년부터 4000억 원을 들여 콥코(Copco) 1댐, 콥코 2댐, 존 C. 보일(John C. Boyle) 댐, 아이언 게이트(Iron Gate) 댐을 허문다. 가장 높은 것은 53미터 높이의 아이언 게이트 댐인데, 4대강 사업의 마지막 공사구간이었던 영주댐(55미터)과 비슷한 규모다.

 힐먼 국장과 헤어진 4대강 독립군은 아이언 게이트 댐으로 갔다. 카룩족 정부 수질 전문가인 수전 프리키(Susan Fricke) 씨가 비를 맞으며 기다리고 있었다. 댐이 내려다보이는 언덕에서 그는 4개 댐으로 막힌 물의 생태와 환경 변화를 설명했다. 그가 녹조와 기생충 창궐, 물고기 떼죽음 사건을 말할 때에는 한국의 4대강 이야기를 듣는 것 같아 소름이 돋았다.

 그곳에서 김종술 기자가 4대강 녹조 사진을 스마트폰으로 보여주자 프리키 씨는 한숨을 내쉬며 고개를 좌우로 흔들었다. 그는 "녹조는 피부병을 일으키고, 마이크로시스틴이라는 독소는 간에 축적되기에 지금은 아니지만 결국 건강에 치명적인 영향을 미친다"고 우려했다.

 그에게 4대강에 16개 댐을 세운 이명박 전 대통령에게 하고 싶은 말이 있냐고 물었다.

"우리가 클래머스강에서 목격한 것은 강을 강답게 내버려둬야 한다는 사실입니다. 자연적인 시스템을 강에서 떼어내면 수질이 악화되고 물에서 얻을 수 있는 혜택이 사라집니다. 국민과 물고기 그리고 여러분이 보호하고자 하는 모든 대상이 해를 입죠."

우리는 오리건주 북서부 포틀랜드(Portland)에 있는 퍼시피코프(PacifiCorp)도 방문했다. 미국 서부 6개 주 180만 명에게 석탄화력, 수력, 풍력, 태양력으로 전기를 공급하는 대형 전력회사다. 클래머스강에서 사라질 4개 댐도 이들의 소유였다. 퍼시피코프가 운영하는 40여 개의 수력발전 댐 중 3개는 이미 해체했다.

4대강 독립군은 클래머스강 복원 공보 담당자 밥 그레이블리(Bob Gravely) 씨 등 4명과 마주 앉았다. 당초 클래머스강의 댐 해체 결정 이유와 과정 등을 자세히 들을 예정이었지만 이들은 상당히 신중했다. 자기 이해에 민감한 민간회사이기에 그런 듯했다. 이들은 카룩족 관계자들의 주장과는 달리 클래머스강의 심각한 녹조 현상은 댐에서 비롯된 것이 아니라고 부인했다.

"카룩족은 녹조가 댐 때문에 생겼다고 하지만 우린 그렇게 생각하지 않습니다. 클래머스강 상류 화산지대에서 나오는 인 성분과 높은 수온 등에 기인한 것입니다."

그레이블리 씨는 또 "채산성을 맞출 수가 있었는데, 4개 댐을 해체하기로 한 것은 정치적 결정"이었다고 말했다. 캘리포니아주지사 등 정치인들과 카룩족, 환경단체 등의 다자간 협의에 따른 것이라는 말이었다. "정치 상황에 따라 댐 해체 결정이 번복될 수도 있다"

고 내비치기도 했다.

　4대강 독립군들은 이 말을 듣고 맥이 빠졌다. 사실 이들로부터 '댐을 해체하는 게 유지하는 것보다 나았다'는 말을 듣고 싶었기 때문이다.

　그나마 위안이었던 것은 이들이 2012년에 철거한 콘딧(Condit) 댐 현장을 보여주겠다고 제안한 것이다. 퍼시피코프 복원계획 담당자이자 당시 콘딧 댐 철거를 진행했던 톰 곤트(Tom Gauntt) 씨가 4대강 독립군 차에 올라탔다. 샌드위치로 대충 점심을 때운 뒤에 컬럼비아강을 따라 상류로 차를 몰았다.

　콘딧 댐은 컬럼비아강과 화이트 새먼(White Salmon)강이 합류하는 지점에서 5.3킬로미터 상류에 있다. 언덕 위에 조금 남아 있는 콘크리트 바닥으로 그곳이 댐의 자리였다는 것을 확인할 수 있었다.

　곤트 씨는 "댐을 철거하고 앞으로 5년 동안 강을 복원하는 데 들어가는 총비용은 3500만 달러"라면서 "콘딧 댐에 연어 회귀를 위한 어도를 설치하고 유지하는 비용보다 적었기 때문에 댐 철거를 결정했다"고 말했다. 사무실에서 4대강 독립군을 실망시킨 말과는 달랐다. 이들은 연방에너지규제위원회에서 내주는 4개 댐 면허의 갱신을 포기했다. 전력 생산으로 얻는 이득보다 연어 회귀를 위한 어도를 추가로 건설해야 하는 등 환경 규정을 지키는 데 드는 비용이 더 많았기 때문이다. 그는 "여기서 7~8킬로미터 상류에 큰 폭포가 있다"면서 "지금은 연어가 거기까지 올라가 알을 낳는다"고 말했다.

　폭포 쪽으로 차를 몰았다. 4대강 독립군들은 나무가 울창한 오솔

길을 걸어서 내려갔다. 길 양옆에 카약을 이동할 수 있는 철제 레일이 있었다. 레일이 끝나는 지점에 이르니 원시적인 자연림 안에서 화이트 새먼강이 폭포처럼 세차게 흘렀다. 은빛으로 빛나는 물살은 그 위를 힘차게 거슬러 오르는 연어 떼 같았다.

[카멜강] 댐의 시대는 끝났다

4대강 독립군이 다음 날 방문한 곳은 캘리포니아 몬터레이 카운티에 있는 카멜(Carmel)강의 샌클러멘티(San Clemente) 댐 자리였다. 이 아치형 댐은 지난 2015년 12월에 철거됐다. 캘리포니아 지역에서는 가장 최근에 철거된 댐이다. 1921년에 완공된 32미터 높이의 용수용 댐으로, 이곳은 거의 100년 동안 몬터레이 반도 8만 명의 식수원이었다.

미국 21개 주에 식수를 공급하는 민간기업 아메리카 워터의 로버트 제임스(Robert James) 감독관과 함께 현장을 찾았다. 4대강 독립군은 아메리카 워터 측의 4륜구동차로 옮겨 탔다. 차 한 대가 간신히 지날 수 있는 가파른 협곡길. 비까지 내렸다. 아찔했다. 브레이크를 잡으면 차가 제멋대로 미끄러졌다. 1~2미터 옆은 천길 낭떠러지였다. 고개를 넘자 댐을 허문 자리가 나타났다.

"지표수를 식수원으로 사용하는 규정이 갈수록 까다로워졌습니다. 정수처리 기술로는 규정을 충족시키지 못할 정도였죠. 하지만 댐 철거의 결정적 이유는 퇴적토였습니다. 댐 정상의 아래쪽에 수문이 있는 구조인데, 밑에서부터 4미터 높이였죠. 퇴적토는 그 아래로 1미터 높이까지 차올랐습니다. 이것을 파이프로 배출하는 방식과 따로 퍼 담아서 컨베이어로 실어 나르는 방식도 모색했지만 댐을 철거하는 게 비용이 가장 적었습니다.

더구나 댐에 어도가 있었지만 무지개송어와 같은 멸종위기종이 자유롭게 드나들기 힘들었습니다. 그래서 환경단체들도 댐이 철거되기를 원했습니다."

제임스 감독관의 말이다. 댐 저장 공간의 절반 이상을 퇴적토가 차지했던 것이다. 물을 저장해서 용수로 공급한다는 취지가 무색해졌다. 퇴적토 무게로 댐의 안전성도 위협받았다. 1991년 캘리포니아 수자원국은 댐 붕괴 가능성을 경고했고 아메리카 워터 측은 1992년부터 매년 저수지 수위와 수압을 낮추려고 노력했다. 100만 달러를 들여 댐에 구멍을 뚫기도 했다. 결국 이들이 취한 가장 값싼 해결 방법은 8400만 달러로 댐을 부수는 것이었다.

4대강 독립군은 제임스 감독관에게 물었다.

520킬로미터인 한국의 낙동강을 8개의 댐으로 막았습니다. 그러자 1300만 명의 식수원에 녹조가 창궐하고 수질이 나빠졌습니다. 당신이라면 어떤 결정을 내리겠습니까?

"댐 짓는 시대는 끝났습니다. 미국이라면 용수공급 면허가 취소될 겁니다. 저수지에 갇힌 물이 수층의 온도 차이로 매년 위아래로 뒤집히면서 문제가 계속 악화됩니다. BOD 수치도 나쁠 겁니다. 녹조를 제거하려고 약품을 쓸 텐데, 비용만 잡아먹고 역효과를 내는 매우 극단적인 방식이죠. 또 유입수 자체가 지나치게 오염되면 지표수 처리시설과 관련된 법적 규정을 충족시키지 못합니다. 정수처리 공장을 닫고 다른 수원지를 찾아야 하죠."

[민주주의] 촛불이 명령한 적폐청산

"바다로 흘러가는 물은 버려지는 것이다."

이 말은 4대강을 이용해 경제를 살리겠다던 이명박 전 대통령 입에서 나온 게 아니다. 구소련 독재자 스탈린이 1929년에 한 말이다. 냉전 시대였다. 소련은 무기를 생산해 군비경쟁에 나섰고, 여기에 필요한 전력은 댐이 공급했다. 미국도 그랬다. 달나라에서도 보인다는 후버(Hoover) 댐은 애리조나와 네바다주의 경계를 이루는 골짜기를 콜로라도강에 수장시켰다. 1935년 9월 30일, 프랭클린 루스벨트 대통령은 후버 댐 준공식에서 이렇게 말했다.

"왔노라, 보았노라, 정복당했노라."

이 말은 20세기 댐의 시대를 알리는 신호탄이었지만 100년을 버티지 못했다. 이명박, 박근혜 정권은 4대강 16개 댐의 수문조차 열지 않았지만 미국은 지난 30년간 1172개의 댐을 부쉈다. 2016년 한 해만도 72개의 댐을 허물었다. 강물은 바다로 버려지는 게 아니라는 깨달음, 강을 정복하겠다는 건 권력자의 오만이었다는 반성을 행동으로 보여줬다.

　4대강 독립군은 7박 9일의 미국 취재 일정을 마치고 귀국했다. 비행기를 타고 12시간 동안 태평양을 건너오면서 만감이 교차했다.

　수자원공사는 녹조를 제거하려고 모터보트로 강물을 휘젓고 다닌다. 황토를 뿌리고 공기 기포제를 설치했다. 그래도 매년 녹조는 창궐한다. 금은빛 모래밭은 최악 수질 4급수 지표종인 실지렁이와 깔따구만이 살아남을 수 있는 시궁창 펄밭으로 변하고 있다. 애써 세금을 들여 강을 망쳤고, 이대로 놔두었다가는 다른 수원지를 개발하느라 세금을 또 쏟아부어야 할 판이다.

　이뿐만이 아니다. 우리의 어민과 농민들도 미국의 원주민들이 겪었던 고통을 고스란히 받고 있다. '물 반 고기 반' '물 반 재첩 반'이었다는 낙동강 하구에서 어민들의 그물에 걸려드는 건 큰빗이끼벌레와 녹조 찌꺼기뿐이다. 4대강 주변에서 농사를 짓던 농민들도 쥐꼬리만 한 보상금을 받고 몇 대째 살아왔던 고향을 등지고 있다.

　이러고도 이명박 정권의 4대강에 부역했던 자들은 흥청망청 훈포장을 나눠 먹었다. "4대강에 녹조가 끼면 배를 띄워 스크루를 돌리면 된다"는 황당한 논리를 내세운 자 등 곡학아세했던 학자들은 장관 등의 자리를 꿰차고 국가기관 요직에 앉았다. 4대강 사업에 참여한 대기업들은 공사비 담합으로 막대한 돈을 챙겼고 공정거래위원회가 부과한 수천억 원대 과징금도 내지 않은 채 버티고 있다. 착잡했다.

　정권이 교체된다면? 비행기를 타고 오면서 상상했던 기대는 3주

만인 2017년 5월 10일 문재인 정권의 탄생으로 현실이 되었다. '이명박근혜 4대강'이 적폐인 것은 비단 강을 망쳤다는 이유 때문만은 아니다. 민주적인 의견 수렴 절차를 생략한 채 폭력으로 예산을 날치기 통과시켰다. 국민 70~80퍼센트의 '4대강 사업 반대' 의사는 묵살됐다. 편법을 동원해 예비타당성조사를 생략하는 등 법질서를 유린했다. 국민의 재산을 보호해야 할 국가기관이 수십조의 혈세를 강물 속에 수장시키고 있다.

촛불이 명령한 적폐청산, 지금부터 시작해야 한다.

강에서 배운 민주주의

──── **일본 취재기**

    2010년 12월 8일, 나는 비행기로 1시간 거리인 일본 구마모토현을 찾아갔다. 이명박 전 대통령이 4대강 살리기 사업을 하겠다면서 16개 댐을 짓고 있을 때였다. 하지만 일본은 가와베가와(川邊川) 댐 건설을 중단하고 아라세(荒瀨) 댐을 철거하기로 결정한 상태였다. 이웃나라 일본이 우리와 정반대의 결정을 한 이유가 궁금했다.

    "댐 건설 자체를 반대하지는 않습니다. 이수와 치수용 댐을 만들 수도 있습니다. 하지만 가와베(川邊)강은 보배입니다. 일본 최고의 청류(淸流)는 이 지역의 가치입니다. 주민들의 생명과 재산도 중요하지만 아름다운 강을 지키는 것도 지방정치가 해야 할 몫입니다. 지방 주권을 세우는 일이죠. 이럴 때 주민의 총 행복량은 증가됩니다."

    구마모토현 가바시마 이쿠오(蒲島郁夫) 지사는 가와베가와 댐 건설 백지화를 선언하면서 이렇게 말했다. 이날 구마모토현청에서 오마이뉴스 특별취재팀과 마주 앉은 그는 지역의 가치와 주민의 총 행복량 그리고 지방 주권을 중시한 결정이라는 점을 유독 강조했다. 하지만 씁쓸하게도 이날 한국의 국회는 가와베가와 댐 건설과 유사한 대형 국책사업인 4대강 사업 예산안을 날치기로 통과시켰다.

[조언] 주민의 총 행복량을 극대화하라

가바시마 지사의 선언으로 무산된 가와베가와 댐 건설 계획은 1963년부터 3년 연속으로 벌어진 구마(球磨)강 유역의 대규모 홍수에서 비롯됐다. 당시 국가 차원의 치수 대책 일환이었다. 1976년에는 특정 다목적댐 법에 따라 '수력발전'을 겸하는 계획이 수립됐다.

당초 댐 건설 예정지인 이쓰키(五木)촌과 사가라(相良)촌은 정부 계획을 반대했다. 그런데도 1996년에 댐 본체 공사를 강행한다는 결정이 내려졌다. 그 후 공사가 진행돼 용지 취득이 98퍼센트, 주택 이전(549가구)은 99퍼센트, 도로 연장(36.2킬로미터)은 89퍼센트 완료됐다. 다만 어업협동조합과 어업권 보상 문제를 합의하지 못해 댐 본체 공사가 지연됐다.

이런 상황에서 댐 건설 계획을 철회한 가바시마 지사는 "과거 주민들은 댐 건설을 찬성했을지 몰라도 40년이 지난 지금의 민의는 댐 건설 포기에 있다"면서 "많은 주민들과의 대화에서 투명성과 공개성의 원칙을 지켰고 (정치적 눈치를 보지 않는) 정신적 자유를 가지고 리더로서 합리적으로 결정했다"고 밝혔다.

여기서 말한 주민들과의 대화 자리는 그의 임기 이전인 2001년부터 9차례에 걸쳐 진행된 주민대토론회 등을 말한다. 일본 현지에서 만난 기모토 마사미(木本雅已. 아름다운 구마강을 지키는 시민의회 사무국장) 씨는 "댐 상류인 사가라촌 종합체육관에서 열린 첫 토론회에는 3000여 명의 주민들이 참석했는데, 오전 10시부터 오후 6시까지 수많은 주민들이 단상에서 자신의 의견을 기탄없이 표명했다"며 당시의 열띤 분위기를 전했다.

그는 또 "정부 측은 이 자리에서 수천 명의 주민들에게 모든 자료를 공개했다"면서 "토론 안건과 토론 방식도 사전에 협의했다"고 말했다. 한국의 4대강 사업에서는 상상조차 하지 못할 일들이 벌어진 것이다. 당시 이명박 대통령은 "반대를 위한 반대"라면서 어떠한 이견도 인정하지 않았다. 찬성 쪽 인사들로만 채워진 반쪽 공청회를 연 데 이어 국회의원들에게조차 예산의 세부 내역을 제대로 알리지 않았던 한국 정부의 태도와는 너무나 대비되는 풍경이다.

하지만 당시 주민대토론회에서 댐 건설을 둘러싼 찬반 이견이 좁혀진 것은 아니었다. 대부분의 언론들이 전한 토론회의 결론은 '평행선'이었다. 그런데 토론 전과 후의 여론은 사뭇 달랐다. 주민들은 투명하고 공개된 토론을 통해 댐 건설로 인한 득보다 실이 많다는 것을 알았다. 그 뒤부터 댐 반대 여론이 급등했다.

가바시마 지사는 이런 여론의 변화를 감지했다. 그리고 지사 취임 직후 다양한 분야의 전문가로 구성된 유식자회의(有識者會議)를 만들어 의견을 청취했다. 그는 또 "구마강 유역의 시정촌장, 의회 의원 등 많은 분들이 다양한 의견을 주셨다"면서 "한정된 기간(선거 때 공약한 6개월의 기간)에 현지 시찰을 하면서 정보를 수집했다"고 말했다.

그는 "이런 의견을 청취하면서 가와베강은 주민들의 소중한 자산이며 지켜야 할 지역의 보물이라고 생각했다"면서 댐 건설 계획을 전격 철회한 배경을 설명했다.

댐이 건설될 경우 지역경제와 자연환경에 미치는 영향을 두루 검토한 것으로 아는데, 그 결과는 어땠습니까?

"전문가회의(유식자회의)는 댐을 건설해 하천 시스템을 변화시키는 것은 가능한 한 피해야 한다는 의견을 줬습니다. 설령 댐을 건설하더라도 환경에 미치는 악영향을 최대한 줄여야 한다는 것이었죠. 또한 현세대나 미래 세대가 안전하게 안심하며 살아가려면 댐에 의존하지 않는 치수 대책을 마련해야 한다는 의견도 있었습니다. 특히 이 지역의 매력인 구마강의 자연을 최대한 해치지 않아야 한다는 주장이 많았습니다. 이런 의견들을 많이 참고해서 최종적으로 결단했습니다."

사실상 댐 본체 공사만을 남겨두고 있었습니다. 공사 강행을 요구하는 일부 주민들도 있었을 텐데, 이런 상황에서 댐 건설 중단 결정을 내리기가 힘들지 않았나요?

"주민의 총 행복량을 극대화하기 위한 최선의 선택이었습니다.

물론 댐 건설에 찬성하는 분들의 마음을 헤아려야 했죠. 홍수를 우려하는 한편 댐 건설로 인한 지역 발전을 원했던 이쓰키촌 일부 사람들의 요구를 충족시켜야 했습니다. 또 댐에 의존하지 않는 치수가 가능하다는 것을 실현해야 하는 과제가 있었죠."

자민당 정권에서 댐 건설을 추진해온 중앙정부와 갈등이 크지 않았습니까?

"나는 국토교통성이 이쓰키촌을 포기할 수도 있다고 우려했습니다. 고도의 정치적 판단이 필요했죠. 그래서 당시 후쿠다 야스오 총리에게 이쓰키촌을 버리지 말라고 직소했습니다. 또 국토교통성 장관을 만나 내 생각을 전했습니다. 총리와 내각은 나의 댐 백지화 결정을 무겁게 받아들였습니다. 그리고 중단됐던 이쓰키촌의 도로 등 일부 공사를 재개시켰습니다. 국가와 현 그리고 강 유역의 시정촌은 댐을 이용하지 않는 치수 방식을 검토하기 시작했습니다. 이후 댐 건설 중지를 공약으로 내건 민주당 정권이 2009년 9월에 탄생했습니다. 국토교통성 장관은 댐 중지를 표명했습니다. 이제 댐 건설 사업에 대한 재검토는 민주당 정권의 가장 중요한 과제입니다."

이미 댐 건설을 위해 주민들에게 보상이 이뤄졌고 이주를 거의 마쳤습니다. 어떤 후속 조치를 계획하고 있습니까?

"이쓰키촌 진흥추진본부를 현청 내에 설치했습니다. 주민들의 의견을 듣고서 2009년 9월에 새로운 진흥 계획을 수립했죠. 이쓰키촌 진흥 추진 조례를 제정하고, 총 10억 엔을 마을진흥기금으로 마련했습니다. 현 직원을 마을에 파견하는 등 인적 지원도 하고 있죠. 현재 국가-지방-이쓰키촌 등 3자 협의를 통해 생활 재건 정책을 추진하고 있습니다."

사실 구마모토현의 댐 건설 철회 과정 초기는 우리나라와 유사한 측면이 많았다. 가바시마 지사는 2008년 3월 선거 때 "가와베가와 댐 건설 여부를 9월 정례 현의회에서 표명하겠다"고 공약했다. 그는 지사 취임 직후에 전문가회의를 발족시켜 과학적이고 객관적으로 검증했다. 그리고 공약했던 대로 9월 정례 의회에서 댐 건설 백지화 입장을 밝혔다.

한국에서도 2010년 6월 지방선거에서 김두관(경남), 안희정(충남) 두 지사 후보가 4대강 사업에 반대 의견을 표시한 뒤 광역자치단체장으로 당선됐다. 두 지사는 전문가 등으로 구성된 지방정부 차원의 검증 특위를 만들었다. 3~4개월 뒤에 이들은 보를 건설해 강물을 막고 강바닥을 준설해 홍수를 예방하겠다는 중앙정부의 치수정책에 반대한다는 입장을 발표했다.

여기까지의 과정은 흡사했다. 하지만 이후 대형 국책사업에 대한 한국과 일본의 진행 상황은 극적으로 갈렸다. 2009년 당시 일본의 민주당 정권은 구마모토현의 '탈댐 선언'에 손을 들어줬다. 이로써 40여 년간 90퍼센트 이상의 공정률을 보였던 가와베가와 댐 건설은 결국 백지화됐다. 그리고 가바시마 지사의 탈댐 선언에 85퍼센트의 현민들이 박수갈채를 보냈다(2008년 9월 구마니치 신문-RKK 방송 공동 여론조사 결과).

반면 한국의 이명박 정부는 4대강 사업에 반기를 든 두 지방자치단체를 향해 그동안 중앙정부로부터 위임받아 시행해왔던 '4대강 살리기' 사업권을 박탈하겠다고 윽박질렀다. 경상남도의 경우 이 경고를 실행에 옮겼다. 또 중앙정부는 4대강 사업에 이견이 있다면 국고보조금을 삭감하겠다면서 지방정부를 압박했다. 일방적으로 혈세를 퍼부어 40~50퍼센트의 공정률을 올린 뒤에 이 수치를 들먹이며 지금 공사를 멈추면 혈세 낭비라고 되레 큰소리쳤다. 하지만 국민 과반수는 여전히 4대강 사업을 우려했다.

가바시마 지사에게 한국의 4대강 사업의 개요를 설명하고 조언을 부탁하자 다음과 같이 답변했다.

"대규모 하천 개보수는 사람이나 자연환경에 큰 영향을 미칠 겁니다. 비용 외에도 자연환경 보전 문제라든가 지역에 뿌리를 내린 가치관 등 다양한 요인을 고려해야 합니다. 최종적으로는 주민의 총 행복량을 극대화한다는 관점에서 판단해야 합니다."

[가치] 지역의 보물 vs 죽은 강

그와 인터뷰를 마치고 다음 날 오마이뉴스 취재팀은 댐 계획의 일환으로 건설된 445번 국도를 타고 가와베가와 댐 공사 중단 현장을 방문했다. 댐 건설 백지화의 도화선이 된 주민대토론회가 열렸던 사가라촌 종합체육관을 지나자 육각형 모양의 취수정이 보였다. 이 시설은 농업용수를 조달해주겠다는 정부의 '당근'을 거부한 채 농민들이 직접 10킬로미터 상류에서 물을 끌어오려고 만든 것이었다. 그리고 물이 부족해도 수확이 가능한 검은 화산재 차밭에 이어 댐 건설 중단으로 문을 닫은 건축사무소들이 시야에 들어왔다. 댐 건설에 대한 보상책으로 신축된 공공건물과 학교들도 많았다.

사가라촌을 벗어나자 깎아지른 협곡이 나왔다. 수박만 한 검은색 자갈과 그 위를 평화롭게 날고 있는 왜가리들. 새로 건설된 도로 밑에는 과거 화전민들이 살았던 집터 흔적이 남아 있었다. 또 곳곳에 끊어진 다리와 도로도 있었다. 댐 건설을 위한 토목공사가 진행된 흔적이다.

마지막으로 방문한 곳은 이 지역 토호신의 기념비가 세워진 곳. 가와베강의 비경이 한눈에 펼쳐졌다. 검은 바위를 타고 은빛 물결이 너울대며 흘러넘쳤다. 수심 3~4미터의 강바닥은 속이 훤하게 내비쳤다.

그곳에 서니 남한강 상류인 달천과 낙동강 상류인 영강의 검은 자갈이 떠올랐다. 4대강 사업으로 파헤쳐지고 있는 상주의 경천대는 사실 이보다 더 훌륭한 경관이다. 찬 바람을 맞으며 그곳에 잠시 머물다가 문득 가와베강을 '지역의 보물'이라고 찬탄한 가바시마 지사와 아직도 살아 있는 4대강을 죽은 강이라고 부정하는 이명박 대통령의 모습이 겹쳐졌다.

"해안에서 이쓰키촌 꼭대기까지 100킬로미터 정도 되는데, 매년 2월 하순에서 5월 중순까지 은어 떼가 올라왔습니다. 강바닥이 시커멓게 보일 정도로 많았죠. 아이들이 몽둥이로 강물을 때리면 5~6

마리가 떠올랐습니다. 은어만이 아니었습니다. 장어도 많았는데 그건 거들떠보지도 않았습니다. 왜냐고요? 도쿄의 고급식당에서 은어 한 마리가 1만 5000엔에서 2만 엔에 팔리거든요.

구마강 곳곳에 설치된 댐 때문에 어업을 토대로 한 지역경제도 죽었습니다. 가와베가와 댐 건설도 무산시켰고 하류의 아라세 댐도 철거를 결정했으니, 이젠 그 상류에 있는 세토이시(瀨戶石) 댐 철거 운동을 벌일 겁니다."

일본의 민간 하천 연구자 쓰루 쇼코(つる詳子) 씨의 말이다. 이렇듯 수십 년 동안 댐을 반대해온 시민운동가가 내건 환경의 가치와 가바시마 지사가 중시한 정치의 가치는 크게 다르지 않았다.

그런데 한국의 이명박 정부는 강물을 막고 강바닥의 모래를 퍼올려서 '선진국형 하천관리'를 하겠다고 공언했다. 주민의 총 행복량을 늘리기보다 막대한 혈세를 들여 자신의 임기 내 치적 쌓기에 골몰한 한국의 대통령. 4대강 사업에 대한 국민의 반대 여론을 민의의 전당에서 주먹으로 무너뜨린 한나라당. 3박 4일간의 일본 현지 취재를 마치면서 그들이 더 부끄러웠다.

끝나지 않은 '괴물' 추격기

── 다큐멘터리영화 〈삽질〉 메이킹

"10년 전 일인데, 지금 그 질문을 하는 이유는 뭡니까?"

김종태 전 국군기무사령관은 정색했다. 2018년 6월 6일 폭염주의보가 내려진 경북 상주의 함창시장에서였다. 경북 상주시장 무소속 후보로 나온 그는 시장 바닥을 돌면서 고사리와 생선 좌판으로 다가가 얼굴이 까맣게 탄 노인들의 주름진 손을 잡고 한 표, 아니 가족과 친지들의 표까지 모조리 긁어달라고 호소하고 있었다.

잠시 한가한 틈에 4대강 다큐영화 〈삽질〉 제작팀 안정호 기자가 눈짓을 했다. 나는 그에게 마이크를 들이댔다. 첫 질문은 순조로웠다.

이번에 내건 공약 중 낙동강 테마파크 조성이 눈에 띄더군요. 낙동강을 활용한 계획이죠?

그는 낙동강변의 자전거박물관, 수상스키장, 승마장, 농촌체험장 등을 엮는 장밋빛 관광벨트 구상을 밝혔다. 자기가 당선되면 중국 관광객까지 유치할 수 있다고 했다. 이어 4대강 사업에 대한 이야기를 꺼내자 그는 표정이 굳기 시작했다.

낙동강은 상주 시민의 식수원인데, 4대강 사업으로 상주보를 만든 뒤 물이 좋아졌나요?

"제가 1993년에 영천에서 근무를 했는데, 달성군 같은 데는 가물면 녹조가 이만큼 두꺼웠어요. 떡이 됐죠. 지금은 그때에 비하면 덜 심하죠."

그럼 김 후보는 4대강 사업을 잘했다고 보시나요?

"4대강 사업을 지금 논하긴 그렇고…… 농민 입장에서는 굉장히 괜찮습니다."

2009년 국군기무사령관 시절에 대통령과 독대해서 보고하셨는데, 이명박 대통령으로부터 4대강 사업에 대해 지시를 받지는 않았나요?

"에이, 그거는…… 군인은 군대 문제만 보고를 하지, 그런 민간 분야는 전혀……."

배득식 후임 기무사령관은 (4대강 홍보) 댓글 사건 때문에 구속됐습니다. 이런 게 그 이전부터 진행됐다는…….

"후임 사령관은 저만큼 철저하지 못했기에 그런 걸 한 것이지, 제 부하들은 더러운 짓을 안 했어요. 제가 사령관을 할 때는 위법이 전혀 없었습니다."

김 후보의 재임 기간은 공소시효가 지나서 수사하지 못했다는 말도 있습니다.

"에이, 그럴 리가 있어요? 자꾸……."

[의혹과 부인] 땀에 젖은 6mm 카메라

그가 국군기무사령관으로 재직할 당시인 2008년 9월 19일 기무사가 청와대에 보냈던 '주간보고'라는 문건이 발견됐다. 이 문서는 예비역·보수단체(군변단체)를 정부 우호 단체로 설명하며 "정부보조금 지원 확대, 정부 우호세력 관리 및 지지활동 유도"의 필요성을 강조하고 있다. 하지만 그는 이런 사실을 적극 부인했다.

당시 기무사가 청와대에 보낸 문건에 적힌 내용이 기무사령관의 개인 의지에 의한 것인지, 대통령의 지시에 따른 것인지 묻고 싶습니다.

"지방선거를 하고 있는데, 과거 10년 전의 일을 취재하는 것도 적절치 않고 아무 문제도 없는 것을 관련이 있는 것처럼 질문하는 것도 적합하지 않아요."

기무사령관 시절에 불거진 의혹에 대한 김 후보의 해명을 듣고 싶은 겁니다.

"법원이나 검찰이 처리해야 할 문제인데…… 실무자도 저도 조사를 받은 적이 없어요."

김종태 전 기무사령관은 이명박 정권 초대 대통령실장이었던 유우익 씨의 상주고 동문이다. 유 전 실장은 이 전 대통령의 한반도 대운하 공약을 만드는 데 참여했고, 4대강 사업의 좌장 격이었던 인물이다. 당시 김 전 사령관이 이명박 정권 초대 기무사령관에 임명되자 유 전 실장과의 친분 때문이라는 설이 파다했다. 기무사령관은 육사 출신이 독점했는데 육군3사관학교 출신인 그의 발탁은 파격이었다.

유우익 실장하고는…….

"(손사래 치며) 아이, 그런 이야기는…… 아이……."

기무사령관 시절에 유우익 실장이 4대강 사업 홍보를 부탁하지는 않았는지요?

"없어요. 군인이 그런 걸 어떻게 해요?"

김 후보의 후임 기무사령관은 스파르타팀을 운영하면서 댓글 작업을 벌였어요. 그 기구는 김 후보 때부터 있었던 것이 아닌가요?

"저는 전혀! 전혀 그런 적이 없어요!"

물론 그의 사전 허락을 받은 인터뷰였다. 김 전 사령관이 지방선거에 출마했기에 이런 인터뷰도 가능했다. 사실 '전투'였다. 나는 의혹을 캐물었고 그는 적극 부인했다. 그와 실랑이 인터뷰를 한 시간은 30여 분이었다. 안정호, 안민식 기자의 6mm 카메라는 계속 돌아갔다. 두 기자의 옷은 온통 땀으로 젖었다.

기호 5번인 그가 떠나간 시장에서는 기호 2번 자유한국당 후보의 유세차량이 들어와 선거운동을 했다. 장바닥에 앉아 생선을 파는 할머니, 나물을 파는 아주머니들 앞에서 "경제를 망친 문재인 정권을 심판해야 한다"고 외쳤다. 서민들이 낸 세금 22조 원을 들여 4대강을 망치는 데 앞장섰던 정당의 뻔뻔한 소리였다.

〈삽질〉 제작팀이 다음으로 간 곳은 김 전 사령관이 공약으로 내건 테마파크 계획에 포함된 경천대였다. 상주의 상징이자 낙동강 제1경인 이곳의 트레이드 마크는 강물이 휘돌아가면서 생긴 반달 모양의 거대한 모래톱이었다. 하지만 4대강 사업 때 모래톱을 파헤치는 바람에 비경이 망가졌다. 경천대에 서서 보니, 아직 6월 초였는데도 강물이 녹색빛이었다. 한 관광객이 말했다.

"어휴, 저거 녹조 아냐? 예전엔 이렇지 않았는데······."

[궤변] 4대강 평가는 나중에 합시다

다음 날인 2018년 6월 7일 경남 남해시 어느 사거리의 수많은 인파 속에서 안민식 기자가 내게 귓속말로 알렸다.

"선배, 김태호 후보 옆에 김재철이 있어요."

김태호 자유한국당 경남도지사 후보는 2008년 경남도지사 시절에 "4대강 사업은 절체절명의 과제"라면서 한반도 대운하와 4대강 사업에 적극 찬성했던 인물이다. 김재철 전 MBC 사장은 4대강 사업의 문제점을 담은 '수심 6m의 비밀'이라는 프로그램을 제작한 〈PD수첩〉을 탄압했고, 결국 최승호 PD(현 MBC 사장)를 방송사에서 내쫓았다는 비판을 받았다.

김태호 후보는 선거차량 위에 올라가 연설을 마친 뒤 인도에 꽉 찬 사람들 속으로 들어가 일일이 악수하면서 환호에 답례하고 있었다. 그는 얼굴이 한껏 상기됐다.

오마이뉴스 김병기 기자입니다. 잠깐 시간을 내주시죠.

"지금은 행사 중이에요. 이따가 한 바퀴 돌고 합시다."

잠시 뒤에 또 마이크를 들이댔다.

"저쪽에 계신 분들에게 마저 인사한 뒤에 합시다."

난 초조했다. 상주에서 남해까지 달려왔는데 한마디도 질문하지 못하고 그를 놓칠 것 같았다. 한때 경남 행정을 책임졌던 그가 영남인의 식수원인 낙동강을 망친 4대강 사업에 발 벗고 나섰던 이유를 들어야 했다. 하지만 그가 말한 '저쪽'에는 차량이 대기했다. 곧바로 이동할 태세였다. 결국 사람들에게 답례 인사를 마친 그를 차 앞에서 멈춰 세웠다.

1분만 시간을 내주시죠. 오늘 분위기가 뜨거운데, 고생하셨습니다.

"아, 예. 이제 (유권자들이) 마음을 열어주신 것 같네요."

낙동강은 경남 도민들의 중요한 환경문화유산이기도 한데, 후보께서 내신 5대 공약에 낙동강은 포함되지 않았습니다. 혹시 준비한 공약이 있나요?

"낙동강에 녹조 문제라든지 오염 문제가 굉장히 많잖아요. 제가 도지사이던 시절에는 여름 갈수기에 녹조가 생기고 먹는 물로도 쓸 수 없을 정도로 3급수로 떨어졌거든요."

그럼 4대강 사업 이후에 조금 나아졌다고 보십니까?

"여전히 녹조가 우려되고 있는데, 강에 유입되는 오염물질로 인해 생긴 것인지 아니면 다른 구조적인 문제가 있는지를 좀 더 깊이 고민해봐야 할 겁니다."

그는 10년 전에 4대강 사업은 "절체절명의 과제"라고 했지만 이번에는 즉답을 피했다. 매년 여름만 되면 낙동강에 녹조가 창궐하고 최악 수질 4급수 지표종인 실지렁이와 붉은 깔따구가 강바닥을 점령했다는 뉴스를 의식한 듯했다. 이때부터 김 후보 수행원이 내 옆구리를 찌르기 시작했다. 수행원은 "왜 그런 걸 물어요"라면서 몇 번이나 나를 제지했다.

낙동강은 영남인의 식수원인데, 후보께서는 도지사 시절에 4대강 사업에 찬성하셨죠. 지금도 잘한 일로 생각하십니까?

"4대강 사업에 대해 여러 가지 문제가 제기되고 있기 때문에······ 얼마 안 됐잖아요. 조금 뒤에 평가를······."

완공한 지 5년이나 됐습니다. (평가를 위해) 더 시간이 필요한가요?

"제가 전문가는 아니기 때문에······ 그동안 (도지사를 그만둔 뒤) 8년이라는 공백이 있었잖아요. 전문가들과 다시 점검을 해봐야 할 것 같습니다."

한반도 대운하도 찬성하셨는데 강을 망친 사업······.

"저는 오마이뉴스를 굉장히 좋아하는데 그렇게 이야기하면 안 되죠. 역사를 부정하면 안 되고. 가족 중 한 사람이 홍수로 죽었다면 그런 이야기를 할 수 있겠어요?"

하지만 가뭄과 홍수가 낙동강 본류에서 발생했던 게 아니잖아요. 그동안 산간 도서 지역에서 가뭄과 홍수가 났는데, 왜 본류를······.

"본류가 역류를 해서 지류가 깨지는 거예요. 그래서 지류에 있는 사람들이 피해를 입은 거예요. 현실을 모르고 이야기를 하면 안 돼요."

도지사가 되신다면 4대강 문제에 대해서…….

"그 부분에 대해서는 전반적으로 내가 검토해볼게요. 오케이?"

그는 차에 올라탔고 나는 질문을 제대로 던지지도 못했다. 황당했다. 내 질문을 거의 다 끊고 자기가 하고 싶은 말만 한 채 짧은 인터뷰를 마쳤다. 그는 강원도 산간지역의 홍수가 낙동강의 역류 때문이라는 기상천외한 궤변을 남겼다.

[외면] 제가 판단할 일이 아닙니다

공영방송의 수장이었던 김재철 전 MBC 사장은 김태호 후보를 깍듯하게 대접했다. 김 후보가 선거운동을 할 때에는 바로 뒤에서 가신처럼 뒤쫓았다. 오마이뉴스와 짧은 인터뷰를 마치고 김 후보의 차가 떠날 때 그는 고개를 90도 숙여 배웅했다.

"선배, 김재철 사장이 사라졌어요!"

안정호 기자의 목소리가 다급했다. 나는 안민식 기자와 함께 흩어져서 인파 속을 뒤졌다. 김 전 사장은 없었다. 혹시나 해서 자유한국당과 김태호 후보 선거사무실에 올라가 확인했으나 그는 없었다. 낭패였다. 김 후보 선거사무실의 계단을 내려오면서 김 전 사장의 전화번호를 수배했다.

두 곳에서 연락이 왔다. 오마이뉴스 윤성효 부산경남본부장, 그리고 오마이뉴스 4대강 다큐멘터리영화 〈삽질〉 제작팀에 합류한 정재홍 작가였다. 정 작가는 MBC 〈PD수첩〉 '수심 6m의 비밀' 프로그램을 만들었고, 김재철 사장 재임 시절에 해고됐다. MBC에서 쫓겨난 최승호 사장이 만든 다큐멘터리영화 〈자백〉과 〈공범자들〉의 작가이기도 하다. 김 전 사장에게 전화를 걸었다.

김태호 후보 연설할 때 옆에 계셔서 인사를 드리려고 했는데, 안 보여서 전화 드렸습니다. 김재철 사장님이시죠?

"예, 접니다."

왜 김태호 후보를 돕고 있는지 궁금합니다.

김 전 사장은 자기 고향이 경남 사천이고, 자유한국당 사천·남해·하동 지역 당협위원장으로 활동했다고 소개하면서 "당연히 도와야 한다"고 말했다.

아까 김 후보를 인터뷰하면서 4대강 사업에 대해 물었는데요.

"네, 4대강 사업에 대해 물어보시던데 저는 지금 일반 당원이지 않습니까? 제가 거기에 대해 언급하기에는······."

〈PD수첩〉의 '수심 6m의 비밀'을 기억하시죠? 그것 때문에 〈PD수첩〉 제작진이 불이익을 당하고 쫓겨나기까지 했습니다. 이 때문에 MBC가 4대강 사업에 부역했다는 비판 여론도 상당합니다. 이 점에 대해 어떻게 말씀해주실 건가요?

"글쎄요, 옳은 건지 그른 건지는 세월이 지나면 판단이 나겠죠.

제가 언급할 일이 아닌 것 같습니다."

4대강 사업 이후 낙동강이 썩고 있지 않나요?

"제가 판단할 일이 아니고 시간이 지나면 판단이 되겠죠."

그런데 당시 〈PD수첩〉의 인사 문제에 개입을 했고 압력도 가하지 않았나요?

"인사 문제에 개입하거나 압력을 가한 것이 아니라…… 오마이뉴스도 편집국장이 있을 것 아닙니까? 기사에 대해 문제가 있는 것 같다, 이건 더 확인하는 게 좋을 것 같다고 한 것이죠. 제가 지금 일정이 있어서…… 죄송합니다."

당시 그런 개입이 청와대 지시였는지 사장님의 의지였는지, 그게 궁금하거든요.

"죄송합니다, 기자님. 끊겠습니다."

여보세요?

"죄송합니다. 일정 때문에……."

김 전 사장이 나에게 죄송해할 필요는 없었다. '수심 6m의 비밀' 이후 MBC에서는 4대강 사업에 대한 비판 보도를 거의 찾을 수 없었다. 이명박 정권이 내세웠던 '국운융성 사업'에 대한 찬양 보도가 넘쳐났다. 결과적으로 그는 이명박 씨를 도와서 국민 혈세를 낭비했고 4대강도 망쳤다. 공영방송도 망쳤다. 그는 내가 아니라 국민에게 사죄해야 했다.

뻔뻔한 그들을 심판한 건 촛불이었다. 일주일이 지난 6월 13일 저녁, 세 번째 촛불이 저들의 안방을 태웠다. 박근혜 전 대통령을 탄핵

한 광장의 촛불은 문재인 대통령을 당선시켰고, 마침내 지역 권력도 뒤집었다. 김태호, 김종태 후보는 각각 2위에 그쳤다. 과거의 적폐를 덮친 제3의 촛불 쓰나미가 없었다면 4대강 사업 부역자들은 지역 권력을 휘두르며 승승장구했을 것이다.

[크랭크인] MB와 4대강

오마이뉴스는 2017년 11월 15일 오전 10시 30분경, 인천국제공항 입국장으로 들어오는 이명박 씨에게 마이크를 들이댔다.

4대강 사업, 사과하실 의향이 있습니까?

이게 첫 일정이었고, 첫 질문이었다. 이때부터 오마이뉴스는 4대강 사업에 대한 본격적인 다큐영화 제작에 돌입했다. 이명박 씨는 아직도 4대강 사업에 대해 사과하지 않았다. 그 죗값도 받지 않고 있다. 오마이뉴스는 학자와 관료, 전문가 등 4대강 사업에 부역하면서 호가호위했던 사람들을 만나 같은 질문을 던졌지만 부끄러워한 자는 없었다.

이에 대해 침묵한다면 '제2의 이명박'과 '제3의 김태호, 김종태'가 나오는 것을 묵인하는 것이다. 지금은 잠시 숨을 죽이고 있지만, 그들의 죄상을 기록하지 않는다면 곳곳에 도사리고 있는 제2의 4대강 사업이 다시 출몰할지도 모른다.

오마이뉴스가 제작한 다큐멘터리영화 〈삽질〉은 이들의 민낯을 적나라하게 고발했다. 오마이뉴스가 지난 12년 동안 끈질기게 4대강 사업을 추적했던 과정, 그리고 '4대강 독립군'으로 불리는 진실 고발자들이 각종 폭언과 협박을 당하면서도 취재수첩을 놓지 않았던 이유를 담았다.

4대강 사업은 정치권력과 경제권력, 관료사회, 학계, 법조계, 언론계, 관변 시민사회가 결탁해 만든 '괴물'이라고 볼 수 있다. 이 거대한 탐욕의 카르텔을 지탱했던 것은 '돈'이었다. 세금 22조 원에서 떨어지는 떡고물이었다. 이명박근혜 정권 시절에는 비자금의 실체를 파헤치기 힘들었지만 촛불 정권이 들어선 뒤에는 취재 환경이 달라지고 있다.

오마이뉴스는 비자금의 실체를 계속 추적하고 있다. 4대강 사업 부역자들에게 무엇이 오갔는지 그 추잡한 거래 내역을 확인하기 위해서다. 언론이 다루지 못했던 '거대한 담합'의 실체를 파헤쳐 MB의 광기 어린 탐욕을 낱낱이 들추어낼 예정이다.

친일의 죗값을 묻지 않은 탓으로 우리 현대사는 질곡에서 벗어나지 못하고 있다. 국민 70~80퍼센트가 반대했던 4대강 사업에 대한 적폐청산은 아직 시작도 못 했다. 다큐멘터리영화 〈삽질〉은 4대강 사기극의 죗값을 묻는 청산의 신호탄이 되고자 한다. 이명박, 박근혜 보수정권이 왜곡한 4대강 살리기의 기록을 갈아엎는 새로운 시작이 되고자 한다.

흐르지 않는 강은 강이 아니다. 역사도 강물처럼 막힘없이 흘러야 한다.

망가진 민주주의가
남긴 숙제

—— 깊게 파인 강의 상처

"다 나와! 다 밀어!"

2010년 12월 8일 오후 4시 15분, 국회 본회의장에서 육탄전이 벌어졌다. 당시 한나라당 원내대표였던 김무성 의원의 외침은 막장드라마의 신호탄이었다. 행동대원인 여당 의원들은 의장석을 점거했던 야당 의원을 끌어내렸다. 곳곳에서 비명과 욕설이 터졌다. 의장석을 점령한 여당 의원들은 불과 2분 만에 4대강 예산을 날치기로 통과시켰다.

당시 대통령은 이명박이었다. 한나라당 실세는 박근혜. 박 의원은 측근 유승민 의원과 함께 돌격대와 행동대원들을 남겨둔 채 본회의장을 빠져나갔다가 예산 표결 직전에 돌아왔다. 군사작전을 벌이듯 일사불란하게 거사를 성공시켰지만 표결 기록은 남기지 않았다. 4대강 예산안에 던진 찬성표가 나중에라도 자기 발목을 잡을 수 있다고 생각한 것이다.

그렇다고 책임을 면할 수는 없다. 2012년 대선 때 새누리당 총괄본부장이었던 김무성 의원은 박근혜 대통령 만들기 일등 공신이었다. 박 전 대통령은 가급적 자기 손에 피를 묻히지 않고 이명박의 뜻을 관철시켰다. 이날 김무성 의원을 비롯해 여당 의원들을 실질적으로 지휘한 건 박근혜 전 대통령이었다.

4대강 사업은 이명박, 박근혜 정권의 합작품이다. 이날의 국회 육탄전은 절차적 민주주의 파괴의 시작에 불과했다. 그 뒤에도 4대강 사업을 둘러싼 탈법, 편법, 불법이 비일비재하게 벌어졌다. 행정·사법·입법부의 거대한 카르텔은 브레이크 없이 질주했다. 권력을 감시해야 하는 언론도 침묵하거나 부역했다. 4대강에 민주주의는 없었다.

[합작] 민주주의 시스템 파괴

2017년 9월 25일 국정원 개혁위는 '정치인·교수 등 MB 정부 비판세력 제압 활동' 조사 결과를 발표했다. 국정원 개혁위가 밝힌 한 보고 문건의 제목은 이랬다.

'우파 위장 좌파 교수 이상돈 비판 심리전 전개'

2009년 6월경 원세훈 당시 국정원장은 "이상돈을 매장하라"고 지시했고, 국정원 직원들은 이 지시사항을 관철시키려고 노력했다.

자유수호국민연합은 '좌익 노리개가 된 보수논객 이상돈'이란 제목의 기자회견을 했다. 국정원 직원들은 '이상돈의 이중적, 기회주의적 행태'라는 내용의 비판글을 다음 아고라에 게재했다. 이상돈 교수 개인 이메일로 '카멜레온 정치교수 자진사퇴'를 요구하는 글을 발송했고, 2011년 1월에는 다음과 같은 글을 트위터에 올려 전파했다.

"이 사람 참 박쥐 같은 인간이네요. 지난 대선 시 이회창 후보 캠프에 가담한 뒤 공천을 받지 못하니깐 이회창을 노골적으로 까더니 요즘은 이 대통령을 비난하고 있네요."

당시 중앙대학교 교수였던 이상돈 의원이 이명박 정권에게 미운털이 박힌 것은 4대강 사업 때문이었다. 그는 운하반대 전국교수모임 공동대표였고 2009년 11월에 국민소송인단을 모아서 4대강 소송을 벌였다. 언론은 그의 이름 앞에 '합리적 보수'라는 수식어를 달아서 보도했다. 이 전 대통령으로서는 진보진영의 쓴소리보다 더 아팠을 것이다.

2017년 12월 7일 국회의원회관에서 이상돈 의원을 만났다.

"국정원 개혁위가 발표한 내용을 보면 원세훈 씨가 국정원장이 된 직후부터 저의 사찰을 지시했더군요. 저와 원세훈은 대학교 동창입니다. 별생각 없이 살았던 사람이기에 이명박에게 가장 적절한 인사죠. 제 블로그에 누군가가 조직적으로 댓글을 다는 것을 보면서 보이지 않는 손이 조종한다고 느꼈어요. 그 뿌리가 국정원이라고 짐작은 했습니다."

사실 민주주의 시스템을 무력화한 불법 사찰은 이전부터 논란이 됐다. 이명박 전 대통령 집권 초기였던 2008년 3월 30일 한반도 대운하를 반대하는 전국교수모임은 '운하반대 교수에 대한 경찰과 국정원의 성향조사 즉각 중단하라'는 성명을 발표했다. 국정원 직원과 경찰이 2500여 명의 교수모임 참가자들을 대상으로 '학원 사찰'을 한다는 폭로였다.

당시 이 사건을 취재하면서 국정원에 전화를 걸어 자초지종을 물었던 적이 있다. 국정원 직원은 서울대 교수 등을 만난 사실은 숨기지 못했다. 하지만 "전에도 만났던 교수였고, 단순히 의견을 물었을 뿐"이라고 둘러댔다. 경찰 관계자도 "통상적인 정보수집 활동"이라면서 "불법 사찰을 하지는 않았다"고 부인했다.

하지만 '이상한 의견 청취'는 전국에서 동시다발로 벌어졌다. 누군가의 지시에 따른 것이라는 의혹을 사기에 충분했다. 누군가가 압력 행사를 지시하지 않았더라도 교수들은 그것 자체로도 불쾌했고, 불안함을 느꼈다. 운하반대 전국교수모임은 "1980년대 공안정국의 악몽이 되살아나고 있다"면서 "반민주적이고 강압적인 행태의 전형"이라고 비판했다.

여기에 그친 게 아니었다. 검찰은 4대강 사업을 시작할 때 환경운동연합을 대대적으로 압수수색했다. 검찰은 피의 사실을 언론에 흘리면서 환경운동연합을 시민들의 회비를 떼먹은 파렴치한 단체로 매도했다. 100여 개에 달하는 후원 기업들을 뒤져서 으름장을 놓았다. 하지만 먼지떨이식 수사에도 불구하고 밝혀낸 것이라곤 단순 회계 실수뿐이었다.

4대강 사업을 관철하기 위한 민주주의 파괴 행위는 전방위적이었다. 법치와 민주주의의 보루여야 할 사정기관들은 4대강 사업 반대 인사와 단체들을 쥐 잡듯이 뒤졌다. 입법부인 국회는 날치기로 예산을 통과시켰다. 행정부인 이명박 정부는 편법과 탈법을 동원해서 4대강 사업을 밀어붙였다.

이상돈 의원은 환경법을 전공했다. 그는 노무현 정부 때부터 이명박 정부에 이르기까지 6년간 중앙하천관리위원회 위원으로 활동했다.

"4대강 사업을 하려면 거쳐야 할 법과 제도가 굉장히 많습니다. 무모한 사업을 막기 위한 방어막이죠. 가장 놀라웠던 건 그 방어막이 너무 쉽게 무너졌다는 겁니다."

주요 사건 판결을 청와대와의 거래에 이용했다는 의혹이 제기됐던 '양승태 대법원'도 2015년 12월 4대강 사업 소송에서 정부의 손을 들어줬다. 4대강복원범국민대책위 등이 2009년 11월에 국토해양부 장관 등을 상대로 낸 '4대강 종합정비기본계획 및 하천공사 시행계획 취소' 소송에서 원고패소 판결을 내렸다.

당시 대법원의 판결 취지도 황당했다. 가령 이런 식이었다.

'예비타당성조사를 안 한 것은 예산 편성의 하자이지, 4대강 사업 절차상 하자가 아니다.'

'환경영향평가는 부실했지만, 이(부실 평가)에 근거한 사업이라도

인정해야 한다.'

'4대강 사업으로 생태계에 다소 변화가 예상되더라도 이 사업으로 얻어지는 이익을 능가하는 정도의 생태계 파괴가 예상된다고 보기 어렵다.'

'정부가 재량권을 벗어난 것은 맞지만 재량권을 남용했다고 보지는 않는다.'

고등법원은 낙동강 사업을 하면서 "예비타당성조사를 생략한 것은 국가재정법 위반"이라고 판결했는데 대법원은 이마저도 뒤집었다. 이에 대해 "술을 마시고 운전했지만 음주운전은 아니다라는 취지의 정치 판결"이라고 비판한 김정욱 대한하천학회 명예회장의 말이 널리 회자됐다. 이 의원은 이렇게 말했다.

"일개 판사가 담당하기에는 엄청난 사건이었겠죠. 하지만 판사직을 내걸고서라도 제대로 판결을 했어야 합니다. 법원은 정부 측에 유리한 관련 법규만을 가져다가 자의적으로 판결했어요. 청와대에서 외압을 행사한 정황도 있습니다. 상식적으로 생각해도 청와대가 정치적으로 부담스럽다는 의중을 전달했을 겁니다."

[왜곡] 말장난과 쓰레기

4대강 사업은 민주적 시스템을 순식간에 붕괴시켰다. 어떻게 이런 일이 가능했을까?

이 의원은 "이명박 전 대통령은 국토부와 환경부 장관을 자기 사람으로 임명했고, 심지어 환경영향평가를 책임지는 정회성 한국환경정책평가연구원(KEI) 원장을 자르고 운하정책 환경자문단에서 경부운하 낙동강 분과의 밑그림을 그린 박태주 교수를 그 자리에 앉혔다"면서 "4대강 사업이 가능했던 것은 정권이 강력한 드라이브를 걸었고, 언론 등 이를 감시하고 견제할 장치들이 마비되거나 오히려 부역했기 때문"이라고 말했다.

"전문가들의 반대와 절대적인 반대 여론에도 불구하고 이 사업이 추진될 수 있었던 이유 중의 하나는 언론입니다. 이명박 전 대통령은 언론의 생리를 잘 아는 사람이었죠. 공영방송을 장악한 것도 이런 이유 때문입니다. 오마이뉴스는 처음부터 문제를 제기했죠. 한겨레와 경향신문도 그랬습니다. 야권도 비판의 목소리를 냈어요. 하지만 대다수의 언론과 공영방송이 제 목소리를 내지 않거나 엄청난 침묵뿐이었죠. 나중에 마지못해 다루기는 했는데 치졸한 양시양비론, 불가지론으로 여론을 교묘하게 왜곡했습니다.

오마이뉴스 4대강 독립군은 그래서 더 의미가 있습니다. 언론이 회피하는 상황에서 시민기자들은 계속 진실을 보도했습니다. 세계 언론사에 없는 일입니다. 언론이 죽어가는 시대에 4대강 사업의 진실을 오마이뉴스에서 볼 수 있었던 것은 금강의 김종술, 낙동강의 정수근과 같은 시민기자들 덕분입니다."

오마이뉴스 4대강 독립군이자 에코큐레이터인 이철재 기자는 2015년 6월에 대한하천학회, 환경운동연합, 민주언론시민연합 등과 공동으로 '4대강 왜곡언론 조사결과 발표' 기자회견을 열었다. 여기서 조선일보, 동아일보 등 12개 언론매체의 사설과 칼럼을 분석한 결과를 발표했다. 대부분의 언론은 검증을 외면한 채 맹목적으로 4대강 사업을 띄웠다.

이 기자는 "언론들은 4대강 사업은 치수 대책이며, 환경도 살리고 경제도 살릴 수 있는 만능이라는 정권의 주장을 앵무새처럼 되풀이했다"라고 지적했다. 그는 2015년 8월 31일 오마이뉴스에 쓴 '4대강 사업 앞장선 이들, 아직도 훈장 달고 활개' 기사에서 다음과 같이 밝혔다.

> 약 6만 건에 이르는 4대강 관련 텍스트를 분석한 결과 몇 가지 특징을 구분할 수 있었다. MB의 공약이었던 '한반도 대운하'에 대해선 거의 모든 매체가 비판적 입장이었다. 국민적 합의가 없었으며, 타당성이 의심되는 사업을 대통령이 일방적으로 밀어붙이면 안 된다는 입장을 공통적으로 나타냈다. 그러나 4대강 사업으로 전환되자 입장은 180도 변했다.
>
> 대부분 언론은 검증을 외면한 채 맹목적으로 4대강 사업 띄우기에 임했다. 4대강 사업은 치수대책이며, 환경도 살리고, 경제도 살릴 수 있는 만능이라는 정권의 주장을 앵무새처럼 되풀이했다. 그러면서 '고인 물이 썩는다'라는 상식적인 주장을 '반대를 위한 반대'로 매도했다. 심지어 '4대강 반대는 종북세력'이라는 색깔론을 사용하기도 했다. 동아일보, 문화일보가 대표적이다.

조선일보, 중앙일보, 한국경제는 교묘했다. 2010년 6월 지방선거 전까지 이들 매체는 4대강 사업에 대해 총론적으로 찬성하지만, 과정에 대해서는 신중할 것을 요구했다. 그러나 지방선거가 야권의 우세로 결론 나자 맹목적 찬동으로 입장을 선회했다.

몇몇 언론이 '4대강 반대는 좌파의 전술'이라면서 4대강 사업을 칭송했고, 나아가 4대강 사업이 MB 정권의 치적임을 강조했다. 국민일보, 서울신문, 매일경제, 세계일보 등은 4대강 관련 입장에 대해 침묵함으로써 언론의 역할을 외면했다. KBS, MBC, SBS 등 공중파 방송도 진실에 대해 침묵하거나 왜곡하는 데 앞장섰다.

당시 '4대강 왜곡언론 조사결과 발표' 기자회견에 참석했던 박창근 가톨릭관동대 교수는 이렇게 성토하기도 했다.

"정권이 4대강 사업을 밀어붙일 수 있었던 것은 언론이 있었기 때문이다. 그들의 사설과 칼럼을 읽어보니 글 쓰는 솜씨는 대단했지만 성찰이 없고 비판정신이 없었다. 그런 글은 말장난과 쓰레기와 다름없다."

[한통속] 부패한 권력의 민낯

4대강 카르텔은 톱니바퀴처럼 맞물려 있었다. MB 청와대는 군대까지 동원해서 박 교수가 말한 '쓰레기 같은 글'을 퍼날랐다. 4대강 공사가 한창이던 2011년 7월 낙동강에 호우 피해가 집중되자 한 보수언론이 쓴 논설을 기무사 요원들이 조직적으로 확산시킨 것이다. KBS는 2018년 2월 5일 '기무사까지 동원… 4대강 옹호글 퍼날랐다'는 뉴스에서 다음과 같이 보도했다.

> **취재진이 확인한 기무사 내부 문건입니다. 모두 375회, 기무사 요원들이 트위터로 해당 논설을 퍼날랐습니다. 그리고 그 결과를 청와대에 통보하겠다고 합니다. 이 작업엔 기무사 보안처 소령 A씨 등 6명과 트위터 ID 60개가 동원됐습니다. 한 요원이 평균 10개 ID로 정부에 우호적인 글을 대량으로 퍼날라 여론 조작에 나섰던 겁니다. 앞서 청와대가 주문했던 '사이버상 활동' 내용과 정확히 일치합니다.**

권언유착의 증거 문건이 나온 것이다. 그렇다면 언론은 왜 권력의 나팔수로 전락했을까? 정치적인 이해득실도 있었겠지만, 무엇보다 정권의 앵무새에게 떨어지는 '콩고물'이 두둑했다. 4대강 공사가 한창이던 2011년 5월에 쏟아진 4대강 홍보 광고 물량만도 117억 원에 달했다. 불과 6개월 만에 소진할 광고비였다.

당시 국토해양부와 한국수자원공사, 한국농어촌공사, 한국언론진흥재단은 4대강 홍보를 위해 116억 8000만 원의 예산을 들여 8건의 용역을 발주했다. 국토해양부는 4건에 19억 8000만 원을 들였다. 4대강 홍보 예산은 사업 첫해인 2009년 60억 원, 2010년 85억 원으로 해마다 늘어났다. 언론들은 사상 최대의 광고시장에서 돈잔치를 벌였다.

사정기관이 4대강 반대 단체를 불법 사찰하고 기획수사로 겁박에 나서자 법원의 균형추도 기울었다. 언론들이 광고에 취해 침묵하거나 4대강 사기극을 입이 마르게 칭찬할 때 건설재벌들은 권력과 결탁해서 민주주의 시장질서를 허물었다.

건설계의 기본적인 턴키 방식 낙찰률은 65퍼센트 선이지만 4대강 사업은 1차 턴키 발주 때 평균 93퍼센트에서 낙찰되었다. 공정거래위원회는 담합 사실을 알고도 쉬쉬하면서 시간을 끌다가 마지못해 건설재벌들에게 1000억 원에 달하는 과징금을 매겼다. 하지만 재벌이 취한 엄청난 이득에 비하면 솜방망이 처벌이라는 비판을 받았다. 이를 제대로 비판한 언론도 드물었다.

4대강 사업을 추진했던 이명박, 박근혜 두 대통령은 감옥에 갇혔다. 강을 망치고 혈세도 낭비했지만 민주주의 시스템을 붕괴시킨 죄도 크다. 하지만 이에 부역하거나 부화뇌동해서 여론을 왜곡시킨 인사들은 아직도 상당수가 건재하다. 강을 복원하는 것도 중요하지만, 오만과 광기에 사로잡힌 권력의 횡포를 밝히고 이에 부역했던 자에게 죗값을 묻는 것이 4대강 사업으로 망친 민주주의를 복원하는 길이다.

흐르는 강을
위하여

—— 싸움은 끝나지 않았다

그는 신대륙을 발견한 듯이 기뻐했다. 금강 세종보 수문을 연 뒤 생긴 모래톱 위에서였다. 투명카약에서 내린 뒤 강물이 발목에서 찰랑거리는 곳에 서니 발가락 사이로 모래가 빠져나가는 게 보였다. 금빛이었다. 두 손으로 물속 모래를 퍼 올렸더니 손가락 사이로 물과 함께 흘러내렸다.

"어, 여기 붉은 깔따구가 일광욕 나왔네."

두 손에 남은 모래 속에서 붉은 깔따구가 꿈틀댔다. 시궁창 펄에 사는 최악 수질 4급수 지표종이다. 강물을 가둔 뒤 강바닥에 쌓인 펄을 점령했던 생명체였다. 이게 모래 속에서 나온 건 '산 강'이 '죽은 강'을 뒤집고 있다는 뜻이다. 강이 회복하는 과정에서 발생하는 환경 교란의 징표였다.

그는 붉은 깔따구를 한 번 더 찾으려고 모래를 파서 들어올렸다. 뜻밖이었다. 이번엔 눈을 휘둥그레 뜨고 더 큰 소리로 외쳤다.

"야! 이게 진짜여. 재첩이 돌아왔가! 이게 금강의 희망이여!"

그가 이렇게 기뻐하는 모습을 본 적이 없다. 1년에 320일을 금강으로 출근하면서 4대강 사업 이후 처참해진 금강의 모습을 고발해 온 4대강 독립군 김종술 기자. 그는 눈앞에 펼쳐진 산 강을 보며 감격했다.

"와, 물살이 겁나게 세네요."

김 기자는 어렵사리 노를 저어 4대강 독립군을 한 명씩 하중도(하천 가운데 생긴 퇴적지형) 모래톱으로 실어 날랐다.

[희망] 모래톱이 돌아왔다

2018년 6월 21일 7박 8일간의 4대강 탐사취재를 시작한 오마이뉴스 4대강 독립군은 오전 10시경 투명카약을 타고 세종보 하류 하중도에 들어갔다. 사람 발자국은 없었다. 세종보 수문을 개방한 뒤 드러난 모래톱에 사람 흔적을 새긴 건 이날 4대강 독립군이 처음인 듯했다.

2017년 6월, 이곳 하류에 있는 공주보 수문을 상시 개방했다. 수문 높이인 7미터의 수위가 내려가자 강바닥을 채운 펄이 드러났다. 5개월 뒤인 11월부터 500여 미터 상류의 세종보 수문(전도식 가동보)

을 완전히 눕혔다. 강물은 수문에 갇힌 시커먼 펄을 토해냈다. 상류의 모래와 자갈을 실어 날랐다.

이곳에 와보니 4대강 사업 때 수심 6미터를 유지하려고 강의 모래와 자갈을 파낸 것은 부질없는 짓이었다. 강바닥 펄을 밀어내고 모래가 돌아왔다. 펄에서 나는 시궁창 냄새를 몰아내고 상쾌한 강바람이 불었다. 수문이 열리자 대자연은 자기 상처를 빠르게 치유했다. 금강은 4대강 사업 이전을 향해 회군의 대장정을 시작했다.

"모래는 강물을 정화하는 허파예요. 그게 돌아왔다는 건 4대강 사업으로 썩은 강을 스스로 정화하기 시작했다는 증거죠."

4대강 독립군인 이철재 시민기자가 물속을 걸으며 말했다. 물은 모래 속으로 들어가기를 반복하면서 깨끗한 물로 거듭난다. 모래는 물고기 산란장이기도 하다. 수문 개방 이전의 펄은 '불임의 공간'이지만 모래는 '잉태의 공간'이다. 그곳에 손톱만 한 새끼 재첩이 희망의 전령처럼 박혀 있었다. 물 가장자리에서는 치어들이 떼 지어 놀았다.

침묵의 강에 소리도 돌아왔다. 보에 가로막혀 흐름이 멈췄던 강은 세차게 흐르면서 물소리를 냈다. 그 흐름은 물고기 비늘 같은 물결무늬 지문을 모래톱과 물속 모래 위에 새겼다. 모래는 흐르는 물과 함께 하류 쪽으로 흐르고 있었다. 곳곳에 여울도 생겼다. 강물은 모래와 자갈 위를 자맥질하듯이 뒹굴면서 물속에 산소를 공급했다.

이곳은 세종보와 공주보 수문을 열기 전까지만 해도 죽은 강이었다. 2013년부터 매년 4대강 독립군이 찾았던 이곳에는 녹조가 창궐했다. 가만히 있어도 시궁창 냄새가 진동했다. 강바닥을 파면 시커먼 펄이 나왔고, 실지렁이와 붉은 깔따구가 창궐했다. 하지만 수문을 연 지 1년도 지나지 않아서 이곳은 죽은 강과 산 강이 공존하는 곳으로 바뀌었다.

깨끗한 모래 속을 손으로 30센티미터 정도 파 내려갔더니 펄층이 나왔다. 손을 코에 가까이 댔더니 역한 냄새가 풍겼다. 상처가 아직도 치유되지 않았다는 뜻이다. 예전에는 펄 속에서 재첩의 사체가 나왔다. 지금은 반대다. 펄 속에 살았던 주먹만 한 펄조개가 입에 모래를 잔뜩 머금은 채 모래톱 곳곳에 죽어 있다. 강의 상처가 치유되고 있다는 뜻이다.

4대강 독립군은 하중도 반대편 모래톱으로 이동했다. 어른 키 두어 배쯤 자란 갈대숲을 헤치며 나아갔다. 끝이 가늘고 털이 섞인 똥은 멸종위기종인 삵의 것이다. 배변한 지 하루가 지나지 않았다. 5개 발톱 자국이 선명한 발자국은 수달이 지나간 흔적이다. 고라니 똥과 새똥도 즐비했다.

반대쪽 모래톱에 도착하니 카약을 댔던 곳보다는 물살이 거세지 않았다. 모래 위 자갈은 회칠을 한 것처럼 펄을 완전히 씻어내지 못했다. 물 밖으로 드러난 모래에 말라붙은 펄이 종잇조각처럼 말려 있었다. 물속 모래에도 시멘트 가루를 살짝 뿌려놓은 것처럼 펄이 남아 있었다. 이곳에서 본 죽은 강의 흔적은 산 강의 귀환을 알리는 희망의 증거였다.

[치유] 수문을 열다

4대강 독립군은 하중도에서 나와 세종보로 갔다. 4미터 높이의 보는 완전히 누워 있었다. 4대강 사업 때 만든 16개 보 중 유일한 전도식 가동보이다. 수문을 위아래로 여닫는 게 아니라 유압식 실린더로 눕혔다 세우는 방식이다. 2177억 원의 공사비를 들여 세종지구와 함께 지은 세종보는 최첨단 보로 홍보했지만 고장이 잦았다.

"세종보는 매년 네 번씩 개방을 했어요. 유압 실린더 관을 청소해야만 보가 작동했기 때문이죠. 최첨단 보라고 자랑했지만 보를 조작하는 유압 실린더의 고장이 잦아서 '고철 보'라는 별칭도 있습니다. 겨울에도 잠수부가 얼음을 깨고 물속에 들어가 수문을 열기도 했습니다."

김종술 기자는 세종보의 철제 가동보 위에 걸터앉아 말을 이어갔다. 예전에는 상상할 수 없던 일이지만, 수문이 개방된 뒤 이틀에 한 번꼴로 이곳의 생태환경 변화를 취재하면서 길이가 347미터나 되는 '세종보 밟기'를 혼자 하고 있다. 4대강 독립군은 금강을 가로지른 거대한 콘크리트와 철재 구조물을 밟으며 식생 상태를 조사했다.

"저기 쌓인 모래와 자갈밭에 풀이 들어왔어요. 수문을 연 뒤 상류에서 모래와 자갈이 유입되고 있지만 시궁창 펄들이 뒤섞여 있어서 그런 거죠. 저게 다 강물에 씻기고 나면 예전처럼 깨끗한 모래톱에서 아이들이 뛰어놀거나 여울 낚시를 하던 어른들이 가족과 함께 수박을 쪼개 먹는 모습을 볼 수 있겠죠.

여기 대평리 모래는 기왓장을 찍을 정도로 질이 좋았어요. 공주 곰나루 모래는 건물 미장을 할 때 사용할 정도로 고왔죠. 언제쯤 그 모습을 다시 볼 수 있을지……."

김종술 기자는 "세종보에 가뒀던 물은 호수공원에 펌핑(펌프로 물을 대는 일)하는 용도로만 사용했는데 수문이 열린 뒤에도 물을 펌핑하는 데 지장이 없다"면서 "금강을 죽인 이 구조물은 하루빨리 해체해야 한다"고 말했다.

가물치 한 마리가 세종보 구조물에 걸려 머리와 뼈만 남은 채 죽어 있었다. 바깥으로 드러난 보호공 속에 갇혀 죽은 지 얼마 되지 않은 강준치도 보였다. 김종술 기자가 한마디 더 보탰다.

"아무짝에도 쓸모없는 이 흉물을 빨리 걷어내야지."

[강의 귀환] 끝나지 않은 싸움

4대강 독립군은 세종보 위쪽에 드러난 모래와 자갈밭으로 갔다. 전날 김 기자가 30여 명의 수녀들과 동행하면서 발견한 새알의 정체를 확인하기 위해서였다. 전날에는 어미 새를 보지 못했다. 인기척을 느끼고는 새알을 놔둔 채 어디론가 사라졌다. 김 기자는 "꼬마물떼새 알보다 약간 큰 게 흰목물떼새 알인 것 같다"면서 기대감을 감추지 못했다.

이번엔 둥지에 가까이 다가가기 전에 멀리서 인기척을 죽이고 관찰했다.

"아, 저기 흰목물떼새네."

이경호 대전환경운동연합 사무처장이 말했다. 카메라 렌즈로 새 알 주변을 관찰하던 그는 알을 품던 어미 새가 둥지에서 20여 미터 떨어진 물가에서 서성이는 모습을 발견했다. 세종보 수문이 닫힌 뒤 이곳에 서식할 수 없던 멸종위기종이다. 4개의 흰목물떼새 알은 자갈처럼 위장한 둥지에 그대로 있었다.

둥지 옆으로 차가운 물살이 거세게 흘렀다. 그 물살은 자갈과 모래 속에 박혀 있던 시궁창 펄을 씻어내고 있었다. 금강에 세운 3개 보 중 백제보는 그대로 둔 채 2개 보의 수문을 개방했을 뿐이다. 흐르는 강은 4대강 사업으로 생긴 죽음의 그림자를 거둬내고 있었다. 힘차게 흐르면서 희망의 씨앗을 뿌리고 있었다.

4대강 독립군은 탐사보도 첫날 저녁 공주 한옥마을에서 '수문개방 이후, 금강의 미래'라는 주제로 금강 포럼을 개최했다. 정민걸 공주대 교수, 김영일 충남연구원 연구위원 등이 참석했다. 이 자리에서 김종술 기자에게 그날 가장 인상 깊었던 장면을 이야기해달라고 했다.

"손톱만 한 재첩입니다. 재첩은 1급수에 삽니다. 4대강 공사가 진행되면서 금강에서는 재첩의 죽은 사체만 봤죠. 그런데 오늘 처음입니다. 4대강 사업 이후 금강에서 치어를 본 적이 없었는데 녀석들도 오늘 처음 봤어요. 지금도 가슴이 두근두근합니다. 이게 진짜 희망입니다. 금강의 미래입니다. 금강에 마지막으로 남은 백제보 수문도 열어야 합니다."

정수근 기자에게도 같은 질문을 던졌다.

"어제 낙동강 현장을 다녀왔는데 녹조가 피지는 않았더군요. 그런데 살아나고 있는 금강을 취재하기 시작한 오늘부터 낙동강에 녹조가 피기 시작했다는 소식을 들었습니다. 금강의 산 강에서 낙동강의 죽음을 목도하고 있는 현실이 안타깝죠. 낙동강의 수문은 아직 닫혀 있으니까요. 살아나는 금강을 보면서 수문 개방 효과를 확실하게 실감할 수 있었던 취재였습니다."

MB의 '4대강 살리기 사업'은 허구였다. 물고기가 떼죽음을 당하고 녹조가 창궐했다. 강바닥 시궁창 펄은 실지렁이와 붉은 깔따구가 점령했다. 수문을 열라는 요구가 빗발쳤지만 이명박근혜 정권은 끝내 열지 않았다. 지금은 수문 2개단 열었는데도 금강에 재첩이 돌아왔다.

수문 개방이 복원의 시작이라면 4대강을 망친 자에게 책임을 지우는 건 마침표를 찍는 일이다. 세금 22조 원을 날렸지만 처벌된 자는 없다. 이명박 전 대통령은 법의 심판을 받고 있지만 4대강 죄상은 혐의 내용에서 빠졌다. 이제부터 혈세를 낭비하고 민주주의를 파괴한 4대강 적폐를 청산해야 한다. 금강으로 귀환하는 모래처럼, 이것이 희망을 만드는 일이다.

4대강 부역자와 저항자들

초판 1쇄 펴낸날 | 2019년 5월 7일

지은이 김병기
펴낸이 오연호
편집장 서정은 편집 김초희 관리 문미정

펴낸곳 오마이북
등록 제2010-000094호 2010년 3월 29일
주소 서울시 마포구 월드컵로14길 42-5 (04003)
전화 02-733-5505(내선 271) 팩스 02-3142-5078
홈페이지 book.ohmynews.com 이메일 book@ohmynews.com
페이스북 www.facebook.com/Omybook

책임편집 김초희
교정 김인숙
디자인 여상우
인쇄 천일문화사

ⓒ 김병기, 2019

ISBN 978-89-97780-31-0 03300

이 도서의 국립중앙도서관 출판예정도서목록(CIP)은 서지정보유통지원시스템
홈페이지(http://seoji.nl.go.kr)와 국가자료종합목록시스템(http://www.nl.go.kr/kolisnet)에서
이용하실 수 있습니다.(CIP제어번호: CIP2019015001)

오마이북은 오마이뉴스에서 만드는 책입니다.